Raimund Hasse
Georg Krücken

Neo-Institutionalismus

Mit einem Vorwort von John Meyer

Die Beiträge der Reihe Einsichten werden durch Materialien im Internet ergänzt, die Sie unter **www.transcript-verlag.de** abrufen können. Das zu den einzelnen Titeln bereitgestellte Leserforum bietet die Möglichkeit, Kommentare und Anregungen zu veröffentlichen. Wir freuen uns auf Ihre Teilnahme!

Einen Einblick in die ersten 10 Bände der Einsichten gibt die Multi-Media-Anwendung »**Einsichten – Vielsichten**«. Neben **Textauszügen** aus jedem Band enthält die Anwendung ausführliche **Interviews** mit den Autorinnen und Autoren. Die CD-ROM ist gegen eine Schutzgebühr von 2,50 € im Buchhandel und beim Verlag erhältlich.

Bibliografische Information der Deutschen Bibliothek
Die Deutsche Bibliothek verzeichnet diese Publikation in der Deutschen Nationalbibliografie; detaillierte bibliografische Daten sind im Internet über http://dnb.ddb.de abrufbar.

© 1999 transcript Verlag, Bielefeld
2., vollständig überarbeitete Auflage 2005
Satz: digitron GmbH, Bielefeld
Druck: Majuskel Medienproduktion GmbH, Wetzlar
ISBN 3-933127-28-9

Gedruckt auf alterungsbeständigem Papier mit chlorfrei gebleichtem Zellstoff.

Inhalt

Vorwort 5
John Meyer

I. Einleitung 13

II. Meilensteine 22
1. Von der Bedeutung gesellschaftlicher Mythen
   zur institutionellen Isomorphie:
   Meyer/Rowan (1977) und DiMaggio/Powell (1983) 22
2. Mikrofundierung und kognitive Wende:
   Zucker (1977) 27
3. Zusammenfassung 31

III. Empirische Studien 33
1. Politik 35
   1.1 Jenseits der Zweck-Mittel-Rationalität:
       Entscheidungsprozesse in Politik und Verwaltung 36
   1.2 »world polity«: Die Globalisierung westlicher
       Kultur- und Strukturmuster 42
2. Wirtschaft 49
   2.1 Jenseits der Effizienz: Zur Legitimität
       von Wirtschaftsunternehmen 50
   2.2 Markt- und Wettbewerbsstrukturen in der Wirtschaft 56

IV. Theorieentwicklung 62
1. Institutionalisierung und De-Institutionalisierung
   als Prozess 64
2. Die aktive Verarbeitung institutioneller Vorgaben 67
3. Rationale Akteure als Konstruktion – konstitutive Effekte 71

V. Theorievergleich 77
1. Soziologische Netzwerkansätze 77
   1.1 Jenseits von Märkten und Organisationen –
       Netzwerkstrukturen im Wirtschaftsleben 78
   1.2 Netzwerk als methodisch-theoretischer Grundbegriff 82

2. Aktuelle Strukturtheorien: Giddens und Bourdieu   85

    2.1 Die Dualität von Struktur –
        Der Beitrag von Anthony Giddens   87

    2.2 Habitus und Felder –
        Der Beitrag von Pierre Bourdieu   91

3. Soziologische Systemtheorie: Niklas Luhmann   94

    3.1 Institution und Institutionalisierung   95

    3.2 Perspektivendifferenz und Anknüpfungspunkte   97

VI. Zusammenfassung und Diskussion   102

Anmerkungen   106

Literatur   115

John Meyer, Stanford University

Raimund Hasse und Georg Krücken haben mit diesem Buch eine sehr gute zusammenfassende Einführung in den *soziologischen Neo-Institutionalismus* vorgelegt. Dieser theoretische und empirische Forschungsansatz ist in den letzten circa 25 Jahren entstanden. Er hat sich seither nicht nur als eine wesentliche Bereicherung der Soziologie erwiesen, sondern auch benachbarte Disziplinen und Forschungsfelder beeinflusst. Um diesen Ansatz und seine Bedeutung zu verstehen, ist es sinnvoll, darüber zu reflektieren, warum er im Kontext der modernen Sozialwissenschaften entstehen konnte.

Der soziologische Neo-Institutionalismus ist ein Element in einer ganzen Familie von »Institutionalismen« in den modernen Sozialwissenschaften. Neo-institutionalistische Bewegungen sind in der Ökonomie, den Politikwissenschaften sowie in der Soziologie und der Organisationsforschung entstanden. Auch ältere theoretische Traditionslinien unter dem Dach des Institutionalismus wurden aufpoliert und wieder ins Spiel gebracht. Wie kam es dazu?

Der Aufstieg (oder die Wiederkehr) von Institutionalismen unterschiedlicher Spielarten reflektiert eine grundlegende Spannung zwischen den allgemein bevorzugten theoretischen und empirischen Forschungslinien auf der einen und der wahrgenommenen sozialen Wirklichkeit auf der anderen Seite.

Vor allem in den amerikanischen Sozialwissenschaften hat sich *Theorie* sehr stark in eine mikroanalytische und »realistische« Richtung hin entwickelt, d.h. zu einer Konzeption von Gesellschaft, die aus festgefügten »Akteuren« besteht (ein Grundbegriff der modernen Sozialwissenschaften, der mit kulturellen Annahmen aufgeladen ist). Rationale und zweckgerichtet handelnde Individuen stellen innerhalb dieser Ansätze die Grundlage der Organisation sozialer Prozesse dar – ihre Eigeninteressen sind die Triebkraft des Systems, und in zahlreichen liberalen Konzeptionen haben diese Annahmen auch einen deutlich normativen Charakter. Das in Gewohnheiten und Kultur eingebettete

5

menschliche Individuum, wie es klassischen soziologischen Ansätzen zugrunde liegt, wird als traditionell abgewertet und in Begriffen »realer« latenter Strukturen rekonstruiert oder in das Museum der Anthropologen verbannt. Ebenso erscheinen rational und zweckgerichtet handelnde formale Organisationen als Grundbestandteil der Gesellschaft, und die Eigeninteressen von Organisationen treiben die gesellschaftliche Entwicklung voran. Klassische bürokratische Organisationen, wie sie Max Weber im Blick hatte, werden ebenfalls ignoriert, belächelt oder in das Museum verbannt. Man kann eine Lehrveranstaltung zur preußischen Bürokratie des 18. und 19. Jahrhunderts durchführen, aber moderne öffentliche Verwaltungen werden sowohl normativ als auch analytisch als Akteure behandelt. Und der klassische Nationalstaat, ein Geschöpf mit Geschichte, Tradition und Souveränität, wird als moderner rationaler Akteur verstanden, der in einem internationalen System mit anderen konkurriert.

Dieses theoretische Bild einer Gesellschaft, die aus all diesen muskulösen »Macho«-Akteuren besteht – die vielleicht durch Netzwerke oder Beziehungen zu anderen Akteuren eingeschränkt werden –, wird durch verschiedene Faktoren verstärkt. Erstens entspricht es sehr der sich in den letzten zwei Jahrhunderten ausdehnenden Ideologie der Moderne. Nach dem Tod Gottes sind wir es als Akteure, die, mehr und mehr herausgelöst aus unserer Kultur und Tradition, unsere Ziele in wohl berechneten Entscheidungen und Handlungen zum Ausdruck bringen. So benötigt und verstärkt die moderne Präferenz für Demokratie und Marktwirtschaft zum Beispiel ein Bild der Gesellschaft, das aus Akteuren mit einem erheblichen Maß an Fähigkeiten, Ansehen und Autonomie besteht. Zweitens tendiert die moderne empirische Forschung, häufig quantitativer Art, dazu, sich Gesellschaft so vorzustellen, als bestünde sie aus realen Akteuren. Die Einheiten der empirischen Analyse werden manchmal als tatsächliche und kompakte Handlungseinheiten behandelt und normativ überhöht. Dies ist zum Teil das Resultat der ursprünglichen theoretischen Verpflichtung auf die Moderne, zum Teil verstärkt die empirische Analyse selbst diese Ausrichtung. Drittens haben sich die Sozialwissenschaften seit der zweiten Hälfte des 20. Jahrhunderts aus offensichtlichen Gründen vor allem an der amerikanischen

Gesellschaft orientiert, die auf einer religiösen, politischen und ökonomischen Tradition basiert, in der Ideen von starken Handelnden (sowohl individuell als auch organisatorisch) als analytische und normative Perspektive dominieren. Amerikanische Konzeptionen des menschlichen Akteurs tendieren dazu, den klar umrissenen, rationalen, zweckgerichteten und selbstinteressierten Charakter dieser Entität erheblich stärker zu betonen als europäische Konzeptionen, für die die Einbettung von Individuen und Organisationen in gemeinschaftliche und staatliche Kontexte zentral ist.

Während die vor allem in den amerikanischen Sozialwissenschaften dominierenden Konzepte von Theorie sich in den letzten Jahrzehnten in eine mikroanalytische und »realistische« Richtung hin entwickelt haben, hat sich im selben Zeitraum die von vielen wahrgenommene *soziale Wirklichkeit* in die entgegengesetzte Richtung bewegt. Wir sehen Individuen, Organisationen und Nationalstaaten mehr und mehr als eingebettet in größere soziale Zusammenhänge. Es ist heutzutage Routine, von Globalisierung oder Europäisierung zu reden, und diese Prozesse transformieren das konkrete soziale Leben. Aus dieser Perspektive sieht man Individuen als zutiefst verstrickt in nationale, weltwirtschaftliche und -politische Zusammenhänge; man sieht Organisationen zugleich als begrenzt und gestärkt durch weltweite Gelegenheiten, Wettbewerbssituationen und Legitimationsmuster. Und Nationalstaaten werden mehr und mehr als eingebettet in globale politische, wirtschaftliche und kulturelle Systeme verstanden (zum Beispiel im Hinblick auf Menschenrechte, Umweltbewegungen; oder Bewegungen, die sich die Restrukturierung des Wirtschaftslebens zum Ziel gesetzt haben).

Diese Spannung zwischen sozialwissenschaftlicher Theorie und sozialer Wirklichkeit wird noch verschärft durch offensichtliche Eigenschaften makrosozialer Strukturen. Es fällt schwer, sich das moderne Europa als lediglich einen weiteren sozialen Akteur vorzustellen, der andere Akteure in ihrer Handlungsfähigkeit begrenzt. Europa ist weit davon entfernt, ein souveräner Staat zu sein; aber Europa tritt uns machtvoll als Entität gegenüber, die aus Kultur, faktischen und impliziten Rechtsvorstellungen sowie grundlegenden sozio-politischen Annahmen besteht. Für die globale Gesellschaft gilt dies umso mehr. Ihr Zentrum besteht nicht in einem souveränen Staat. Überall findet man vielmehr internationale Nicht-Regierungsorganisationen, soziale Bewegungen und kulturelle Diskurse, die sich auf Umweltschutz und Menschenrechte konzentrieren. Es wird immer offensichtlicher, dass die Akteure der modernen Welt in übergreifende Strukturen eingebettet sind, die selbst keine Akteure sind. So gelangt man zum modernen sozialwissenschaftlichen »Institutionalismus« – theoretische Linien, die die Einbettung von Akteuren in übergreifende Regelsysteme, die man Institutionen nennt, betonen.

Institutionen sind im gegenwärtigen Sprachgebrauch zu verstehen als umfangreiche Muster oder Regelsysteme, in die Akteure wie Individuen, Organisationen und Nationalstaaten eingebettet sind. Institutionalistische Analysen konzentrieren sich folglich auf die Faktoren, die diese Muster erzeugen und/oder auf die Folgen, die diese Muster für Akteure haben. Es gibt sehr viele derartige Analysen. Sie reichen von sehr schwachen zu sehr starken Formen, je nachdem, welcher Grad der Autonomie den Institutionen beigemessen wird, und ob Institutionen als die Akteure konstituierend oder sie lediglich beeinflussend verstanden werden.

Der moderne Institutionalismus in den Wirtschaftswissenschaften (Douglass C. North, zum Beispiel), in weiten Teilen der Politikwissenschaften und gelegentlich auch in der Soziologie vertritt eine sehr schwache Form. Klassische Beispiele sind Eigentumsrechte in den Wirtschaftswissenschaften und nationale Souveränität in den Politikwissenschaften. In beiden Feldern werden derartige zentrale Institutionen als das Ergebnis interessengeleiteter und kompetenter Akteure verstanden, die Regeln erstellen, um ihre Vorteile zu sichern. In beiden Feldern gewinnen diese Institutionen dann ein Eigenleben, das jedoch durch die Interessen machtvoller Akteure, die sie geschaffen haben oder durch sie Macht gewinnen, unterstützt werden muss. In beiden Feldern beeinflussen Institutionen die Interessen und Entscheidungen von Akteuren. Diese Akteure, ihre grundlegenden Ziele und Orientierungen werden allerdings vorausgesetzt; sie werden nicht durch Institutionen geschaffen. Akteure werden also in vielfältiger Hinsicht den Institutionen vorangestellt.

8

Eine stärkere Form der institutionalistischen Analyse wird von unterschiedlichen intellektuellen Traditionen verschiedener Disziplinen vertreten. Der »alte Institutionalismus« in der Soziologie (wie bei Parsons oder Selznick), in den Wirtschaftswissenschaften (wie bei Commons oder Veblen) und in den Politikwissenschaften sieht institutionelle Muster sowohl als Produkte von Akteurshandlungen als auch als Träger kultureller Traditionen sowie intellektueller Analysen von geistigen (zum Beispiel rechtlichen) Eliten, die selbst nicht als interessengeleitete Akteure fungieren. Dieser Argumentation zufolge sind Institutionen mehr als das Resultat von Aushandlungsprozessen zwischen Akteuren; sie folgen vielmehr ihrer eigenen Geschichte – einer Geschichte, die eine funktionale Logik aufweist, so dass die Institutionen, die überleben, über Eigenschaften ökonomischer oder politischer Effizienz verfügen. Darüber hinaus wirken Institutionen auf Akteure nicht nur ein, indem sie Anreize und Grenzen für rationales Handeln setzen, sondern auch, indem sie ihre grundlegenden Ziele und Werte beeinflussen.

Der soziologische Neo-Institutionalismus nimmt die stärkste Position in Bezug auf Institutionen ein. Damit korrespondiert die schwächste, weichste und theoretisch am stärksten von europäischem Gedankengut geprägte Sicht des Akteurs. In dieser Lesart sind Institutionen von zum Teil sehr lang anhaltenden kulturellen, professionellen, rechtlichen und historischen Charakteristika geprägt; räumlich und zeitlich von Kräften gebunden, die weit über spezifische Akteurs- und Interessenkonstellationen hinausreichen. Eigentumsrechte und nationale Souveränität, zum Beispiel, werden hier als Resultat einer komplexen religiösen, kulturellen und rechtlichen Geschichte gesehen, die den Aushandlungsprozessen von Akteuren vorausgeht. Und Institutionen beeinflussen nicht nur marginale Akteure: Sie schaffen, legitimieren und transformieren die grundlegenden Einheiten der Gesellschaft, ihre Identität sowie ihre gesellschaftliche Verteilung.

Als Beispiel hierfür kann man den Aufstieg der Institutionen »Bildung« und »Meritokratie« in der Gesellschaft nehmen, die die Weitergabe von sozialem Status zwischen den Generationen drastisch verändert haben. Status wird nicht länger über Statusregeln und Erbschaftsfolge weitergegeben, sondern hauptsächlich über Bildungsabschlüsse und Zertifikate. Dieser dramatische Wandel mag nur geringen Einfluss darauf haben, wie der soziale Status zwischen Eltern und Kindern miteinander korreliert – es ist eine soziologische Standardbeobachtung, dass Eltern in höheren sozialen Positionen ihren Kindern Bildungsvorteile verschaffen und somit die Weitergabe von Status in dem neuen System fortführen. Die neo-institutionalistische Beobachtung betont jedoch, dass dessen ungeachtet ein großer Wandel stattgefunden hat. Dieser besteht darin, dass die neuen Rollen für Eliten in dem neuen System nun auf formalisiertem, über Schule und Hochschule vermitteltem Wissen beruhen und die Autorität des Bildungssystems stärken. Hieraus resultiert ein erheblicher Zuwachs an sozialer und organisatorischer Rationalisierung. Die spezialisierten Rollen im modernen Schichtungssystem der Gesellschaft werden über formalisierte Wissensbestände definiert.

In der gleichen Art und Weise hat die moderne Gesellschaft die Identitäten von Bürgern und Bürgerinnen, Konsumenten und Konsumentinnen, Arbeitern und Arbeiterinnen, Kindern, Ehepartnern usw. institutionell transformiert. In jedem einzelnen Fall haben sich mehr Dinge geändert als lediglich die Spielregeln – die Spieler sind nun andere, mit anderen Werten, Wissensgrundlagen, Zielen und Interessen.

Dies ist der Grundansatz, der – neben etwas schwächeren Formen des Verständnisses von Institutionen, wie sie von DiMaggio und Powell sowie March und Olsen vertreten werden – von Hasse und Krücken vorgestellt und weiterentwickelt wird. Die Autoren behandeln die historischen Ursprünge der theoretischen Perspektive des Neo-Institutionalismus ebenso wie die neueren theoretischen Entwicklungen. Aber jenseits der Theorie diskutieren sie einige der wichtigsten empirischen Studien, an denen sich die Fruchtbarkeit der neuen Perspektive zeigt: Analysen organisationalen Wandels, die den traditionellen Funktionalismus in diesem Feld überwinden; Analysen des Staates und nationaler Entwicklung, die sowohl traditionelle Entwicklungstheorien als auch die kritische Weltsystem-Perspektive hinter sich lassen; und Analysen des Individualismus, die jenseits traditioneller Lebenslaufanalysen zu verorten sind.

Die Grundideen des Neo-Institutionalismus gewinnen Leben in den hier dargestellten empirischen Befunden. Der moderne Nationalstaat und die moderne Gesellschaft sind wenigstens ebenso sehr kulturelle Modelle wie funktionale Realitäten: Sie verbreiten sich als Modelle und tauchen in merkwürdigen Formen und an unerwarteten Orten auf. Die moderne rationale Organisation ist ebenfalls ein kulturelles Modell, was dazu führt, dass sich ihre Eigenschaften unabhängig von den Umständen, die sie ursprünglich erzeugt haben, ausdehnen – selbst in der entferntesten Peripherie der Welt kann ein Unternehmen, eine Schule oder ein Krankenhaus versuchen, sich so als Organisation zu verhalten, wie es moderne »Business Schools« empfehlen würden. Und das Konzept der modernen Person wird überall dort an Boden gewinnen, wo Bürgerrechte und Bildung sich ausbreiten, auch in den wirtschaftlich peripheren Regionen der Welt.

Der soziologische Neo-Institutionalismus sieht, mit anderen Worten, die sich entwickelnde moderne Gesellschaft als angefüllt mit lediglich vermeintlich zweckgerichteten Akteuren oder Handlungen; das Bild ist eher das eines kulturellen oder religiösen Dramas. Die Erscheinungen sind zwar solche der rationalen und effizienten Strukturierung – die Wirklichkeit hat jedoch mehr mit einer religiösen Zeremonie gemein.

Die Autoren dieses Einsichten-Bandes entwickeln die neo-institutionalistische Wirklichkeitsbeschreibung mit großer Kompetenz. Und es ist eine wichtige Beschreibung – ein sinnvolles Korrektiv in einer Welt, die den Anschein der modernen Rationalisierung zu ernst nimmt und für bare Münze hält, oder die die Rationalisierung aus Sicht eines kritischen Funktionalismus attackiert. Wenn man sich zum Beispiel das Bildungssystem anschaut, hat man viele Analysen, die seine Expansion und Wirkungsweise darin begründet sehen, dass Bildung die Gesellschaft effizienter und sozial ausgeglichener macht, während andere in Bildung vor allem ein effizientes Instrument zur Erzeugung sozialer Ungleichheiten sehen. Es ist sinnvoll, Analysen zu haben, die Bildung als Repräsentation eines breiteren kulturellen Rahmens verstehen, analog zu einem religiösen Modell des Kosmos, und es ist sinnvoll, den Einfluss von Bildung auf die Gesellschaft in dieser Art und Weise zu untersuchen und in ihr weniger ein Instrument funktionaler Effizienz oder effizienter Ausbeutung zu sehen.

In all diesen Hinsichten weist der soziologische Neo-Institutionalismus viele Gemeinsamkeiten mit anderen intellektuellen Strömungen der modernen Soziologie auf, die bis zu den Beiträgen von Émile Durkheim vor einem Jahrhundert zurückreichen. Kultur ist hier ein Grundbegriff. Gerade weil die modernen Sozialwissenschaften insbesondere in den USA einem exzessiven Realismus huldigen, sind viele Soziologinnen und Soziologen davon überzeugt, dass man Kultur wieder sehr viel stärker berücksichtigen müsse. Sie haben große Schwierigkeiten, dies zu tun und wiederholen dabei oft die Fehler der Vergangenheit. Mit diesem Buch zeigen Hasse und Krücken, dass es bessere und sinnvollere Wege gibt. Grundlage hierfür ist, unter Kultur die institutionalisierten Erwartungsstrukturen der Gesellschaft zu verstehen, die Akteuren oder Handlungen vorangehen. Damit grenzt man sich nicht nur von starken Akteursmodellen ab, sondern stellt auch Bezüge zu anderen modernen Sozialtheorien hier. Hasse und Krücken weisen im letzten Teil ihres Buches auf die intellektuellen Parallelen, aber auch die Unterschiede zur Netzwerkdiskussion, wie sie vor allem in den USA geführt wird, sowie zur Sozialtheorie in Frankreich (Pierre Bourdieu), Großbritannien (Anthony Giddens) und Deutschland (Niklas Luhmann) hin. Mit dieser ebenso knappen wie anregenden Diskussion betreten sie ein noch kaum erforschtes Terrain. Hier bestehen noch unausgeschöpfte Potenziale für theoretische Weiterentwicklungen des neo-institutionalistischen Forschungsprogramms.

Wozu ein neuer Institutionalismus in der Soziologie? Stellt Institutionalismus nicht das Synonym für unzeitgemäßes Denken in der Soziologie dar? »Der Begriff der Institution hat eine große Vergangenheit und eine zweifelhafte Zukunft«, heißt es etwa bei Helmut Willke (1987: 162). Er bezieht sich in seiner skeptischen Einschätzung vor allem auf klassische Ansätze in der Soziologie von Herbert Spencer (1820-1903), Émile Durkheim (1858-1917) und Talcott Parsons (1902-1979) sowie auf die deutsche Kulturanthropologie von Arnold Gehlen (1904-1976), Max Scheler (1874-1928) und Helmuth Plessner (1892-1985). Der Institutionenbegriff ist in beiden Theorietraditionen von überragender Bedeutung – und in beiden zeigt sich Willke zufolge seine mangelnde analytische Schärfe.

Seit einigen Jahren ist ein neuer Institutionalismus in der Soziologie entstanden, der sich gar nicht auf die deutsche Kulturanthropologie und nur lose auf die soziologische Theorietradition bezieht. Dieser Ansatz, im Folgenden als Neo-Institutionalismus bezeichnet, hat seine Ursprünge vielmehr in der US-amerikanischen Organisationsforschung.[1] Im Zentrum der Aufmerksamkeit stehen Fragen der Legitimierung und der gesellschaftlichen Einbettung vorherrschender Grundüberzeugungen rationalen Handelns. Er vereint empirische Studien, in denen Modernisierungsprozesse als ein expansives kulturelles Projekt analysiert werden. Doch was verbirgt sich hinter dem Etikett »soziologischer Neuer Institutionalismus« bzw. »Neo-Institutionalismus«?

Der Begriff der Institution ist zunächst unverfänglich. Er gehört zu den Fachbegriffen innerhalb der Soziologie, die man ohne weiteres auch in anderen Diskussionszusammenhängen verwenden kann. Man läuft bei der Verwendung dieses Begriffs nicht Gefahr, sich dem Vorwurf auszusetzen, man bediene sich einer technokratischen oder esoterischen Ausdrucksweise. In dieser Hinsicht ist der Begriff selbst eine Institution.

In alltagsweltlichen Zusammenhängen betont die Kennzeichnung eines Phänomens als Institution in der Regel, dass es das bezeichnete Phänomen schon sehr lange gibt – insofern ist Tradition ein wichtiger Aspekt der alltagsweltlichen Bedeutung von Institution. Die geläufigsten Beispiele für Institutionen dieses Typs sind die Kirche und die Familie, aber auch alle Arten etablierter Organisationen (Universitäten, Parteien etc.). Ein weiteres Kennzeichen für Institutionen ist: Sie geben bestimmte Verhaltensweisen vor und stehen der Verwirklichung von Alternativen entgegen. Insofern hat die Kennzeichnung eines Sachverhalts als Institution oft einen kritischen Unterton. Institutionen sind vorgegeben, sie ordnen das Miteinander ohne Rücksicht auf die daran Beteiligten und schränken dadurch die Freiheit des Einzelnen ein – so die etwas holzschnittartige Wiedergabe der Bedeutung von Institution in vielen nicht-wissenschaftlichen Zusammenhängen.

Verwendet man Institution als Fachbegriff in der Soziologie, wird oftmals der verhaltensregulierende Effekt von Institutionen noch stärker hervorgehoben. Insbesondere im Anschluss an Parsons (1986, 1990) werden Institutionen in die Nähe von verhaltensregulierenden Normen gerückt. So wird betont, dass sich aus Institutionen formalisierte Verhaltensmaßregeln ableiten lassen, deren Nicht-Einhaltung mit Sanktionen bestraft und deren Einhaltung belohnt oder eingefordert werden kann. Beispiele hierfür sind Gesetze oder Dienstanweisungen, die kodifiziert und den Betroffenen mitgeteilt werden.

Im Anschluss an Berger/Luckmann (1967) betont ein wichtiger Teil der fachwissenschaftlichen Diskussion darüber hinaus die Bedeutung weniger formalisierter Regulative sozialen Handelns. Gemeint sind Sitten, Routinen und Gewohnheiten, von denen oftmals angenommen wird, dass sie im Verlauf von Sozialisationsprozessen internalisiert worden sind. Auch sie gelten als fest verankert, obwohl man eher Irritation als Bestrafung auslöst, wenn man sich nicht an sie hält. Hierfür gibt es sowohl triviale (Man kann auf die Frage »Wie geht's?« gar nicht oder sehr ausführlich antworten.) als auch eher drastische Beispiele (Man kann im August Schokoladenhasen unter lamettageschmückten Nadelbäumen verzehren.). Dieser Typus nicht-formaler Institutionen lässt sich auch daran illustrieren, dass es die Erwartung gibt, Silvester etwas Besonderes zu unternehmen oder hin und wieder Urlaub zu machen (was zuweilen für Studierende ein finanzielles und für Managerinnen und Manager ein zeitliches Problem darstellen mag).

Unabhängig vom Formalisierungsgrad institutioneller Vorgaben wird unterstellt, dass man weiß, wie man sich zu verhalten hat. Institutionen lassen sich deshalb allgemein als übergreifende Erwartungsstrukturen definieren, die darüber bestimmen, was angemessenes Handeln und Entscheiden ist. Damit Institutionen wirken können, müssen die Beteiligten allerdings um diese Erwartungen wissen, und sie müssen annehmen, dass auch andere mit diesen Erwartungen vertraut sind.

Institutionen in diesem erweiterten Sinn prägen die Verhaltensweisen einzelner Gesellschaftsmitglieder und regulieren hierdurch das gesellschaftliche Miteinander. Dabei wird betont, dass Institutionen nicht nur einschränken, sondern bestimmte Verhaltensweisen erst ermöglichen: Nur weil man sich beispielsweise darauf verlassen kann, dass sich andere an die wichtigsten Verkehrsregeln halten, kann man sich im Straßenverkehr einigermaßen sicher fortbewegen; erst durch diesen Schutz hat man die Freiheit, von A nach B zu gelangen. Ebenfalls, und das ist für eine soziologische Perspektive wenig überraschend, sind derartige Prozesse der gesellschaftlichen Abstimmung und Ordnungsbildung nicht unbedingt und ausschließlich problematisch. Im Gegenteil, sie sind oftmals Lösungen für Probleme, die sich ansonsten einstellen würden, und können dadurch Folgeprobleme verursachen, die nach neuen Lösungen verlangen – so jedenfalls die klassische Fassung bei Helmut Schelsky (1912-1984) (1970a).[2]

Soviel zur soziologischen Bedeutung von Institutionen. Als Institutionalismus kann man insgesamt diejenigen Ansätze bezeichnen, die sich mit der Untersuchung von Institutionen beschäftigen und dabei annehmen, dass Institutionen wichtig sind, um soziales Handeln und Prozesse der Gesellschaftsentwicklung zu verstehen. Sofern Soziologinnen und Soziologen nur in Ausnahmefällen für individuelle Phänomene und einzelne Situationen annehmen, dass sie nicht oder nur unwesentlich durch übergreifende Normen, Gewohnheiten und andere institutionelle Vorgaben strukturiert sind, kann man behaupten, dass es in diesem Fach genau um die Analyse der Entwicklung, Funktion und Wirkungsweise von Institutionen geht. Und tatsächlich war dies das Forschungsprogramm, mit dem Durkheim das Fach vor mehr als hundert Jahren begründete: Soziologie galt ihm als »Wissenschaft von den Institutionen« (Durkheim 1980: 100).

Wenngleich nicht in dieser Totalität, so haben sich doch seit jeher auch wichtige Vertreter der Wirtschaftswissenschaften an zentraler Stelle diesem Thema zugewandt. Ihnen gemeinsam war die auf Max Weber (1864-1920) (1972) zurückführbare Überzeugung, dass sich die Entfaltung von wirtschaftlichem Erfolg institutionellen Umständen verdankt. Entsprechend wurden rechtliche und organisatorische Strukturen, aber auch jeweils kennzeichnende Gewohnheiten und Sitten zur Erklärung wirtschaftlicher Phänomene herangezogen. Als wichtige Vertreter dieses klassischen Institutionalismus gelten z.B. Thorstein Veblen, Joseph A. Schumpeter, Karl Polanyi, Ronald H. Coase und John R. Commons (vgl. Hodgson 1994: 58ff.).

Theoretisch betrachtet, verloren sich die von diesen Autoren präsentierten Beschreibungen zuweilen in einzelnen Details und ihrer historischen Herleitung. Insbesondere wurden das Set der zu berücksichtigenden Variablen und deren Beziehung zueinander eher situativ als allgemeinverbindlich bestimmt. In den Wirtschaftswissenschaften war es folglich eine grundlegende Kritik an den zuvor genannten Institutionalisten, dass man mit einer derartigen Vorgehensweise strengen methodischen und theoretischen Ansprüchen nicht genügen könne. Diese Kritik führte dazu, dass »wissenschaftlich härtere« Ansätze (insbesondere der Mikroökonomie und zum Teil des Behaviorismus) Zentrum und Spitze der Disziplin für sich beanspruchten. Der Institutionalismus galt fortan eher als historisch ausgerichtetes und zuweilen gesellschaftspolitisch inspiriertes Genre, dem es an Theoriedynamik und vor allem an Modellierbarkeit mangele. Ungeachtet dieser Kritik und ungeachtet der reduzierten Wertschätzung, die mit dem Etikett »Institutionalismus« lange Zeit verbunden waren, finden sich seit den 1970er Jahren unterschiedliche Beiträge, die unter der Sammelbezeichnung »Neue institutionelle Ökonomie« geführt werden. Diesen Beiträgen ist gemeinsam, dass sie wieder die Bedeutung institutioneller Faktoren zur Erklärung wirtschaftlicher Phänomene herausstellen und entsprechend Institutionen zum Thema ihrer Forschung machen. Das Adjektiv »neu« hat in diesem Zusammenhang vor allem die Bedeutung, nicht mit den

historischen Vorläufern in den Wirtschaftswissenschaften gleich-
gesetzt zu werden. Von ihnen unterscheidet sich die »Neue institutionelle Ökonomie« dadurch, dass mikroökonomische Argu-
mentationsweisen und behavioristische Einsichten eine wichtige
Rolle spielen (vgl. Williamson 1975; North 1988).

Auch die Soziologie durchlebte eine Phase der Institutionalis-
muskritik, wenngleich im Einzelfall nicht immer klar ist, auf wen
sie sich bezieht und ob sie den Kritisierten in jedem Fall gerecht
wird.[3] Jedenfalls gerät »Institutionalismus« durch diese Kritik
zum Sammelbegriff für eine auf Normen, Funktionen und Sozialisationsprozesse fixierte Sichtweise, die weder Individuen noch
der Gesellschaft große Entfaltungsmöglichkeiten einräumt und
deshalb eine problematische Art soziologischen Denkens darstellt
(vgl. Gouldner 1974). Diese Kritik ist vor allem im Kontext der
US-amerikanischen Soziologie zu sehen, die sich ab den 1960er
Jahren zunehmend von der bis dahin alles überragenden Theorie
Parsons' abwandte. Sie wurde anfangs insbesondere von behavio-
ristischer (Homans 1961) und konfliktsoziologischer (Dahrendorf
1967) Seite vorgetragen und im Anschluss hieran von mikroso-
ziologischer Seite vertieft (Garfinkel 1967; Boudon 1980). Institu-
tionalistisches Denken wird hier nachhaltig als altbackenes und
geradezu programmatisch verklärtes Unternehmen in Frage gestellt. Es lohnt sich, noch einmal stichwortartig an die Vorwürfe
zu erinnern. Was waren also die Standardeinwände?

1. Institutionalistische Ansätze konzentrieren sich auf Hand-
   lungsprägungen, die sich aus formalen Strukturen herleiten.
   Hieraus ergibt sich eine Überbetonung der Bedeutung von
   Vorschriften, seien sie rechtlicher oder organisatorischer Natur. Vernachlässigt werden damit andere Vorgaben, seien sie
   traditioneller oder lokal-situativer Natur.
2. Institutionalistische Ansätze stellen sich die Welt als voll-
   kommen geregelt vor und vernachlässigen die Einsicht, dass
   sich nicht alles durch Vorgaben regeln lässt. Sie beschäftigen
   sich nicht mit strategischen Handlungsorientierungen, die auf
   Präferenzen und Nutzenkalküle der Akteure bezogen sind.
3. Institutionalistische Ansätze nehmen an, dass Normen im
   Regelfall bereitwillig entsprochen wird – sei es, weil es auf-

grund von Sanktionen, die mit der Abweichung von Normen verbunden sind, keine aussichtsreichen Alternativen gibt, sei es, weil aufgrund von Sozialisationsprozessen diese Normen internalisiert sind, so dass die Betroffenen ohnehin nichts anderes wollen, als diesen Normen zu entsprechen.

4. Institutionalistische Ansätze suchen nach den Wirkungen institutioneller Faktoren. Sie tendieren dazu, diesen Institutionen eine positive Funktion zuzuschreiben – zumeist in Bezug auf das gesellschaftliche Miteinander (indem integrative Funktionen herausgestellt werden), zuweilen sogar in Bezug auf Individuen (indem Institutionen als Instanzen der Bedürfnisbefriedigung aufgewertet werden).

5. Indem institutionalistische Ansätze ausschließlich die Wirkung von Vorgaben thematisieren, vergessen sie die Frage ihrer Entstehung. Sie erachten Vorgaben als gegeben und vernachlässigen den wichtigen Aspekt des Wandels. Institutioneller Wandel, sofern er überhaupt zur Sprache kommt, wird als zielgerichtetes Projekt einer Höherentwicklung menschlicher Gesellschaften interpretiert, so dass Wandlungsprozesse nur als evolutionärer Fortschritt denkbar sind.

Diese Standardeinwände sind, unabhängig davon, inwiefern sie den Klassikern im Einzelfall gerecht werden, so umfassend, dass sich die Position des soziologischen Neo-Institutionalismus zu diesen Standardeinwänden als erste Zusammenfassung des Ansatzes nutzen lässt. Als Ergebnis erhält man ungefähr folgende Darstellung zentraler Annahmen und Positionen:[4]

1. Formale Vorgaben in Form expliziter Vorschriften sind ein wichtiges Handlungsregulativ; sie stellen aber nicht das einzige Regulativ dar. In vielen Gesellschaftsbereichen sind unhinterfragte Traditionen, Ideale und Grundüberzeugungen ein ebenso wichtiger Faktor zur Erklärung bestimmter Verhaltensweisen und Entwicklungen.

2. Ungeachtet der Vielzahl institutioneller Vorgaben verbleiben Freiräume für Entscheidungen, insbesondere auf der Ebene praktischen Handelns. Wie diese Freiräume gegenüber einzelnen Vorgaben genutzt werden, ist aber weder willkürlich

noch ausschließlich auf Präferenzen und Nutzenkalküle zurückzuführen. Handlungsanleitungen ergeben sich oftmals aus anderen Vorgaben wie Routinen und Angemessenheitskriterien, die von den Handelnden berücksichtigt werden.

3. Normen werden nicht immer eingehalten – oftmals stehen ihnen die Orientierungen der Akteure entgegen. Zudem können Normen mit anderen institutionellen Vorgaben disharmonieren. Es ist vor allem die Vielzahl gesellschaftlicher Erwartungszusammenhänge, die das schlichte Schema von Norm und Abweichung unterläuft. In vielen Situationen sind verschiedene und zuweilen unvereinbare Erwartungsstrukturen zu berücksichtigen. Man kann es dann gar nicht allen recht machen und muss gegenüber einzelnen Vorgaben auf Distanz gehen.

4. Institutionelle Vorgaben zeitigen oft überraschende und zuweilen auch vernachlässigenswerte Effekte auf der Ebene praktischen Handelns. Institutionen haben deshalb nicht unbedingt positive Funktionen, jedenfalls nicht für die unmittelbar Betroffenen. Eine Funktionsbestimmung im Hinblick auf die Gesamtgesellschaft liegt in jedem Fall weit außerhalb des Forschungsprogramms.

5. Die Frage des Wandels von Institutionen ist ein wichtiges Thema. Es geht aber nicht ausschließlich um deren Genese. Ebenso wenig wird Institutionalisierung als zielgerichtetes Projekt verstanden. Stattdessen wird eine Prozessperspektive eingenommen, der zufolge es aussichtsreich ist, zwischen Graden der Institutionalisiertheit zu unterscheiden. Dabei scheint die Frage, wie aus nicht-institutionalisierten Handlungs- und Entscheidungskontexten Institutionen entstehen, unglücklich gestellt, geht diese Frage doch von einem institutionellen Vakuum aus, in dem alles gleichermaßen möglich ist. Institutioneller Wandel sowie die Genese und Erosion institutioneller Erwartungsstrukturen ereignen sich vielmehr vor dem Hintergrund anderer Erwartungsstrukturen.

Die Auseinandersetzung mit dem Institutionalismus in der allgemeinen Soziologie und den dagegen vorgebrachten Standardeinwänden blieb im Neo-Institutionalismus allerdings lange Zeit peripher. Von wenigen Ausnahmen wie Lynne G. Zucker (1977) abgesehen, wurde die Standortbestimmung vielmehr im Rahmen der Organisationsforschung gesucht. Der dort vorherrschenden Effizienzperspektive wurde ein auf Fragen der Legitimität ausgerichtetes Forschungsprogramm gegenübergestellt (Scott 1983; DiMaggio/Powell 1983). Hierbei bezog man sich ebenfalls und zum Teil recht kritisch auf die Arbeiten von Philip Selznick, einem Parsons-Schüler, der – theoriegeschichtlich betrachtet recht früh – die Dynamik mikropolitischer Konflikte im Inneren formaler Organisationen herausgearbeitet hatte (Selznick 1949, 1957). Selznick wurde im Nachhinein zum Begründer der institutionalistischen Organisationsforschung bestimmt.[5] Darüber hinaus diente die »Neue institutionelle Ökonomie« und ihre Präferenz für Erklärungen rationaler Wahl der Konturierung eines eigenständigen Forschungsprogramms. Dabei wurde die im Rahmen der »Neuen institutionellen Ökonomie« vorherrschende Annahme nutzenorientierten Handelns mit Verweis auf die Bedeutung von Routinen, Angemessenheitsorientierungen und Umwelterwartungen hinterfragt (Scott 1995; DiMaggio/Powell 1991).

Bei der folgenden Einführung in den Neo-Institutionalismus verzichten wir auf eine systematische Abgleichung mit seinen soziologischen Vorläufern und der »Neuen institutionellen Ökonomie«. Ebenfalls werden wir mit Bezügen zur Organisationsforschung sparsam umgehen, obwohl deutlich werden wird, dass Organisationen als Absender und Adressaten von Institutionalisierungsprozessen von herausragender Bedeutung sind. Die damit gewonnenen Freiräume werden zunächst für eine kurze Darstellung der Grundlagen genutzt. Dabei werden die drei wichtigsten Beiträge als sog. »Meilensteine« vorgestellt (Kap. II). Im Anschluss hieran geht es um Anwendungsfelder und Ergebnisse empirischer Forschung, wobei erst Studien zum Bereich der Politik und dann zur Wirtschaft behandelt werden (Kap. III). In beiden Fällen zeigt sich: Die anfänglich primär auf Organisationen bezogene Perspektive wird erweitert, und es werden weltgesellschaftliche kulturelle Rahmenbedingungen der Politik sowie Grundprinzipien des wirtschaftlichen Wettbewerbs neo-institutionalistisch untersucht. Danach wird die Theorieentwicklung des Neo-Institutionalismus rekonstruiert (Kap. IV). Schwerpunkte liegen hierbei in einer Stärkung der Prozessperspektive, bei Fragen des Umgangs mit Institutionen sowie in der gesellschaftlichen Konstruktion von Akteuren. Abschließend werden Anknüpfungspunkte und Gegensätze zu aktuellen Theorien in der Soziologie aufgezeigt (Kap. V). Dabei gehen wir auf Netzwerktheorien, auf die Strukturtheorien von Anthony Giddens und Pierre Bourdieu sowie auf die Systemtheorie Niklas Luhmanns ein. Der Neo-Institutionalismus, so lässt sich durch diesen Gang der Darstellung aufzeigen, offeriert wichtige Anregungen für empirische Forschung und für eine Weiterentwicklung des soziologischen Denkens.

1. Von der Bedeutung gesellschaftlicher Mythen zur institutionellen Isomorphie: Meyer/Rowan (1977) und DiMaggio/Powell (1983)

Zwei Aufsätze – Meyer/Rowan (1977) und DiMaggio/Powell (1983) – bilden den zentralen Ausgangs- und Bezugspunkt des organisationssoziologisch fundierten Neo-Institutionalismus. In ihnen werden grundlegende theoretische Annahmen getroffen, deren Überprüfung und Weiterentwicklung einen Großteil der Dynamik des Neo-Institutionalismus ausmachen. Beide Beiträge haben den Zusammenhang von Organisation und Gesellschaft zum Thema. Aus diesem Grund spielt die Auseinandersetzung mit Weber eine prominente Rolle.[6] Demgegenüber bleiben die grundlegenden soziologischen Theoretiker des Institutionalismus, Durkheim und Parsons, weitgehend ausgeklammert.

Kritik und Korrektur der verkürzten Rezeption des Weber'-schen Bürokratiemodells in der Organisationsforschung der Nachkriegszeit stehen am Beginn des Beitrags des Stanforder Bildungs- und Organisationssoziologen *John W. Meyer* und seines damaligen Doktoranden *Brian Rowan*, der heute an der University of Michigan lehrt. Diese Rezeption interpretiert den beiden Autoren zufolge formal-rationale Organisationsstrukturen – wie die Festlegung von Zuständigkeiten und Kommunikationshierarchien sowie die Buch- und Aktenführung – ausschließlich unter Effizienzgesichtspunkten. Damit wird der für Weber ebenso wichtige Aspekt der *Legitimität* formal-rationaler Organisationen unterschlagen.

Hieran versuchen Meyer/Rowan (1977) anzuknüpfen. Anders als für Weber, für den die Legitimität von Organisationen und bürokratischer Herrschaft insgesamt in ihrer Fähigkeit liegt, »rational geordnetes Gesellschaftshandeln ins Leben zu rufen und planvoll zu leiten« (Weber 1972: 548), sind für Meyer und Rowan Legitimitäts- und Effizienzerfordernisse nicht deckungsgleich. Im Gegenteil, Organisationen entwickeln formal-rationale Strukturen zur Erzielung von Legitimität und nicht zur möglichst effizienten Problembearbeitung. Die provokante These lautet, dass formale

Organisationsstrukturen Mythen zum Ausdruck bringen, die in ihrer gesellschaftlichen Umwelt institutionalisiert sind.[7] Indem Organisationen diese Mythen aufgreifen, kopieren und zeremoniell zur Geltung bringen, wird eine Strukturähnlichkeit (»Isomorphie«) zwischen Organisation und Gesellschaft hergestellt. Dies sichert die organisatorische Überlebensfähigkeit eher als eine bloße Orientierung an technisch-instrumentellen Kriterien der Problembearbeitung.

Ein Beispiel für diesen kompliziert anmutenden, jedoch recht einfachen Zusammenhang stellt nach Meyer/Rowan (1977: 355) die zunehmende Bedeutung von professionellen Unternehmensberatungen dar. Unternehmen, die sich solcher Dienste versichern, verfolgen damit nicht unbedingt den Zweck einer Effizienzerhöhung von Organisationsabläufen. Vielmehr kann diese Demonstration moderner Unternehmensführung auch der Sicherstellung interner und externer Legitimität dienen. In diesen Fällen wird, anders formuliert, den gesellschaftlichen Mythen der Innovativität und Rationalität formal entsprochen, deren Umsetzung einen Großteil der Legitimität von Wirtschaftsorganisationen ausmacht.

Die Bedeutung von institutioneller Legitimität lässt sich noch deutlicher an solchen Organisationen studieren, die im Gegensatz zu Wirtschaftsorganisationen kein klar definiertes Produkt herstellen, anhand dessen sich die Effizienz der Organisationsabläufe bestimmen ließe. Ein typisches Beispiel hierfür sind Universitäten. Diese Organisationen sehen sich einer Vielfalt gesellschaftlich institutionalisierter Umwelterwartungen ausgesetzt. Neben der Bewältigung altbekannter Spannungsverhältnisse zwischen Forschung und Lehre sowie Bildung und Ausbildung sollen Universitäten in jüngster Zeit verstärkt zurechenbare und effektive Entscheidungen produzieren, den Transfer von Forschungsergebnissen in die Wirtschaft beschleunigen sowie Geschlechterparität bei der Stellenbesetzung herstellen. Dem hierin zum Ausdruck kommenden Mythos der rationalen, innovativen und fairen Organisation wird von Seiten der Universität vor allem auf der Ebene formaler Strukturen entsprochen: Kommissionen werden gebildet, Richtlinien verabschiedet, Transfer- und Gleichstellungseinrichtungen ins Leben gerufen. Was folgt nun aus

derartigen Veränderungen der Formalstruktur für die Aktivitätsstruktur von Organisationen? Wenig, so die ernüchternde Antwort von Meyer/Rowan (ebd.: 356ff.). Ihrer Einschätzung nach
findet eine Entkopplung von der nach außen hin sichtbaren Formalstruktur (auf der man sich veränderungsbereit gibt und sich
an veränderte Umwelterwartungen geradezu rituell anpasst) und
der inneren Aktivitätsstruktur (auf der man hiervon unbeein-
druckt »business as usual« praktiziert) statt. Die Bewertung der
nur losen Kopplung zwischen beiden Ebenen fällt vergleichsweise
milde aus. Obwohl eine ideologiekritische Lesart organisationalen
Verhaltens nahe liegt, sehen die Autoren hierin in erster Linie
den unvermeidlichen Versuch, inkonsistente Erfordernisse effektiv zu bewältigen und die Überlebensfähigkeit der Organisation
sicherzustellen.

Zwar wurden der Beitrag von Meyer und Rowan und die in
ihm vertretenen Thesen später in konzeptioneller und theoretischer Hinsicht vielfach kritisiert und überarbeitet (vgl. hierzu nur
Perrow 1985; Powell 1991; Scott 1995: 129f.; Türk 1997: 131ff.).
Sie stellten jedoch den Ausgangspunkt für zahlreiche empirische
Forschungen dar, die sich mit der legitimatorischen Bedeutung
gesellschaftlicher Mythen, ihrer Abbildung in den Formalstrukturen von Organisationen sowie den organisationalen Effekten ver-
änderter Formalstrukturen beschäftigt haben. Methodische Vorgehensweise und Ergebnisse dieser Forschungen sind unabhängig von Modifikationen am ursprünglichen Konzept instruktiv.
Wir werden sie weiter unten ausführlicher vorstellen.

Der zweite grundlegende Beitrag zur Konstituierung des Neo-
Institutionalismus im Rahmen der Organisationsforschung
stammt von den Organisationssoziologen *Paul J. DiMaggio* und
Walter W. Powell, die gegenwärtig an den Universitäten Princeton
und Stanford arbeiten. Ihr 1983 erschienener Aufsatz orientiert
sich an der von Meyer/Rowan (1977) skizzierten Forschungslinie,
Organisationen weniger unter Gesichtspunkten der Effizienz als
vielmehr unter denen der Legitimität zu untersuchen. Dabei konzentrieren sie sich insbesondere auf den Aspekt der Isomorphie.
Gegenüber Meyer und Rowan, die diesen Begriff zur Bezeichnung der Strukturähnlichkeit zwischen Organisationen und ihren
gesellschaftlichen Umwelten einführten, wird er hier in zweierlei

Hinsicht präzisiert. Zum einen, indem durch den Begriff des organisationalen Feldes die Umweltbezüge von Organisationen bestimmt werden, zum anderen, indem DiMaggio und Powell konkrete Mechanismen zur Herstellung von Isomorphie benennen und diskutieren.

Wenden wir uns zunächst der ersten Begriffspräzisierung zu. *Organisationale Felder* setzen sich aus all den Organisationen zusammen, die die relevante gesellschaftliche Umwelt und damit den Bezugsrahmen der zu untersuchenden Organisation bilden. Für Wirtschaftsorganisationen wären dies beispielsweise konkurrierende Firmen, Zulieferer- und Abnehmerbetriebe sowie politisch-regulative Instanzen. An die Stelle des bei Meyer/Rowan (1977) noch diffusen Umweltbegriffs, der auf »die Gesellschaft« verweist, treten bei DiMaggio/Powell (1983) also die sich in einem wechselseitigen Legitimationsverhältnis befindenden Organisationen eines Feldes. In einem organisationalen Feld entstehen Angleichungsprozesse zwischen den einzelnen Organisationen. Diese Prozesse werden, damit kommen wir zur zweiten Präzisierung, als *institutionelle Isomorphie* bezeichnet. DiMaggio/Powell (ebd.: 150ff.) unterscheiden hierbei drei Mechanismen zur Herstellung von Isomorphie: Zwang (»coercive isomorphism«), Imitation (»mimetic isomorphism«) und normativer Druck (»normative isomorphism«):

1. Durch *Zwang* hervorgerufene Isomorphie entsteht vor allem durch staatliche Vorgaben, die sich in bindenden Rechtsvorschriften niederschlagen. Das gemeinsame Operieren in rechtlichen Umwelten führt zur Strukturangleichung von Organisationen; Beispiele sind etwa die durch das Steuerrecht erzwungene Buchführung, der durch das Haftungsrecht erforderliche Versicherungsschutz oder die durch das Vereinsrecht notwendige Ausarbeitung von Satzungen. Dies sind klassische und bereits von Weber in aller Deutlichkeit herausgestellte Aspekte der organisationalen Verrechtlichung. Darüber hinaus sind jedoch auch neuere Entwicklungen zu beobachten, die den durch Recht erzwungenen Strukturangleichungsprozess beschleunigen. Man denke hierbei insbesondere an die Berücksichtigung gesellschaftlich institutionali-

sierter Wertvorstellungen hinsichtlich Frauen-, Minderheiten- und Umweltbelangen im Recht, die organisationsübergreifend u.a. in der Etablierung von Stellen und der Benennung von Beauftragten ihren Ausdruck finden.

2. *Mimetischer* Isomorphismus ist ein typischer Angleichungsmechanismus bei hoher Unsicherheit. Unklare Ursache-Wirkungs-Zusammenhänge, heterogene Umwelterwartungen und der Mangel an eindeutigen Problemlösungstechnologien führen zu Prozessen wechselseitiger Beobachtung und Imitation. Als besonders erfolgreich und legitim wahrgenommene Modelle diffundieren daher rasch über Organisationsgrenzen hinweg; sie gelten als »Blaupause« für andere Organisationen im Feld und bewirken deren Konvergenz. Dieser Mechanismus zeigt sich etwa im hochgradig unsicherheitsbelasteten Bereich technischer Innovationen. Nicht nur die Innovation selbst, sondern auch das zugrunde liegende Muster der Innovationserzeugung wird von anderen Organisationen im Feld kopiert. Folglich sind konkurrierende Firmen oder staatliche und suprastaatliche Organisationen der Forschungs- und Technologiepolitik oftmals den jeweils gängigen »best management practices« und Innovationsmoden verpflichtet, von denen sie sich eine optimale Zielerreichung versprechen. Verstärkt werden derartige, auf Modelle ausgerichtete Orientierungs- und Imitationsprozesse durch das weltweit immer dichter werdende Netz organisationsexterner Beratungsfirmen. Diese fungieren als Diffusionsagenten, deren Einflussbereich sich längst nicht mehr nur auf Wirtschaftsorganisationen erstreckt.

3. Als dritter Mechanismus zur Herstellung von Isomorphie wird *normativer Druck* identifiziert. Normativer Druck wird insbesondere durch Professionen erzeugt. Sie liefern ihren Angehörigen einen Orientierungsrahmen, der normative Bindungen entfaltet und zur Bevorzugung spezifischer, fall- und organisationsübergreifender Problemlösungsmuster führt. Die Etablierung derartiger Muster in organisationalen Feldern vollzieht sich zum einen über Personalselektion, zum anderen über Professionsvereinigungen. Die – allerdings allmählich abnehmende – Dominanz von Verwaltungsjuristen in sämtli-

chen deutschen Ministerien stellt ein gutes Beispiel für institutionelle Isomorphie durch Personalselektion dar; ebenso wird die Definition legitimer Problemlösungsmuster im Organisationsfeld »Gesundheitswesen« in hohem Maße durch ärztliche Professionsvereinigungen geprägt.

Gerade diese beiden Beispiele verdeutlichen, dass die von DiMaggio und Powell vorgenommene Unterscheidung der drei Angleichungsmechanismen Zwang, Imitation und normativer Druck rein analytisch zu verstehen ist. Die staatliche Anerkennung von Professionen bzw. Professionsvereinigungen verbindet Zwang mit normativem Druck. Dass unter diesen Prämissen operierende Organisationen vielfach als nachahmungswürdige Modelle wahrgenommen werden, schlägt die Brücke zum Angleichungsmechanismus »Imitation«. Die Wechselwirkungen zwischen den drei an dieser Stelle diskutierten Mechanismen wurden im Anschluss in verschiedenen organisationalen Feldern empirisch untersucht (für einen Überblick vgl. Mizruchi/Fein 1999 sowie Walgenbach 2002: 169ff.). Die von DiMaggio und Powell beschriebenen Angleichungsprozesse bleiben ihnen zufolge nicht auf die Ebene formaler Strukturen beschränkt. Sie grenzen sich damit explizit von Meyers und Rowans (1977: 356f.) Vermutung ab, dass Formalstruktur und Aktivitätsstruktur in Organisationen nur lose gekoppelt sind. Demgegenüber schreiben DiMaggio/ Powell (1983: 154f.) Prozessen der Institutionalisierung weitreichende Homogenisierungseffekte in organisationalen Feldern zu, die sich auch auf die organisationalen Praktiken beziehen.

2. Mikrofundierung und kognitive Wende: Zucker (1977)

Der dritte ›Meilenstein‹ in der Entwicklung des soziologischen Neo-Institutionalismus ist ein 1977 erschienener Beitrag der Soziologin *Lynne G. Zucker*. Im Nachhinein wird dieser Beitrag oft als komplementärer Ansatz innerhalb des Neo-Institutionalismus gewürdigt, weil er im Vergleich zu den zuvor behandelten organisationssoziologischen Studien zwei Merkmale aufweist: Erstens wird die Bedeutung von Wahrnehmungs- und Informationsverarbeitungsmustern für die Regulierung sozialen Handelns in das Zentrum der Aufmerksamkeit gerückt. Hierdurch wird die sog. kognitive Wende der Sozialwissenschaften berücksichtigt und im Rahmen des Neo-Institutionalismus weiterentwickelt (vgl. Scott 1995: 40ff.). Zweitens wird der Stellenwert der aktiven Aneignung und Weitergabe sozialer Vorgaben hervorgehoben. Hierdurch können Fragen der Reproduktion institutioneller Effekte erörtert werden. Entscheidend ist folglich der Gebrauch, also die Umsetzung dieser Vorgaben auf Seiten individueller Akteure oder kleiner Gruppen. Auf diese Besonderheit ist die sog. Mikrofundierung des soziologischen Neo-Institutionalismus bezogen (vgl. Zucker 1991). Weil beide Merkmale für diesen Ansatz von herausragender Bedeutung sind, lohnt sich ein genauerer Blick auf Zuckers Beitrag.

Ausgangspunkt ist die Überlegung, dass verschiedene Kontexte (»social settings«) hinsichtlich der von ihnen erbrachten Koordinations-, Abstimmungs- und Integrationsleistungen variieren. »Social settings« können Wahrnehmungen, Beurteilungen und hierauf bezogene Reaktionen provozieren. Diese sind weitestgehend unabhängig von den jeweiligen Akteuren und insofern objektiviert und veräußerlicht.

Nun unterscheiden sich die »social settings« hinsichtlich der Stabilität ihrer Wirksamkeit. Einige sind offen für situative Interpretationen und Veränderungen. Solchen Kontexten schreibt Zucker einen geringen Institutionalisierungsgrad zu. Andere Kontexte bewirken, dass Vorgaben stabiler sind und sich sehr resistent gegenüber situativen Veränderungen erweisen. Diese Kontexte gelten als hochgradig institutionalisiert. Die hierauf bezogene Hypothese lautet: Je stärker ein »social setting« institutionalisiert ist, desto eher ist mit kultureller Persistenz zu rechnen. Vorgaben, die auf eine gegebene Situation einwirken, sind dann relativ stabil, personenunabhängig und nicht offen für Veränderungen. Entscheidend an dieser Problemfassung ist, dass sich die Wirksamkeit institutionalisierter »social settings« entfaltet, ohne durch eine Internalisierung entsprechender Normen und ohne durch eine Belohnung konformen bzw. durch eine Sanktionierung abweichenden Verhaltens vermittelt werden zu müssen.[8]

Die Argumentation stützt sich auf ein Laborexperiment zur Wahrnehmung des sog. autokinetischen Effekts. Dabei geht es um eine optische Täuschung, der zufolge sich ein stationärer Lichtpunkt zu bewegen scheint, gleichmäßig oder erratisch, wenn er in einem vollständig verdunkelten Raum präsentiert wird. Die Schätzung dieser scheinbaren Bewegung des Lichtpunktes ist manipulierbar, indem Untersuchungsgruppen sehr hohen oder sehr niedrigen Schätzungen durch Konföderierte (also durch Mitarbeiter, die den Untersuchungsteilnehmern gegenüber als andere Untersuchungsteilnehmer auftreten) ausgesetzt werden. Um den Effekt einer derartigen Beeinflussung weiß man spätestens seit den Anschlussstudien zu Sherif (1936) aus den frühen 1960er Jahren (vgl. Jacobs/Campbell 1961). Man weiß aber auch, dass dieser Einfluss kontinuierlich abnimmt, wenn die anfangs beeinflussten Gruppen das Experiment ohne die Konföderierten wiederholen. D.h., die Schätzungen der anfangs manipulierten Gruppen nähern sich wieder den Durchschnittswerten der Beurteilung des autokinetischen Effekts an, wenn man das Experiment einige Male wiederholt.

In Anknüpfung hieran entwickelt Zucker (1977) ein experimentelles Design, das auf die Frage der Stabilisierbarkeit der Effekte einmaliger Manipulation bezogen ist. Dazu wird das autokinetische Experiment unter verschiedenen Kontextbedingungen durchgeführt. Diese Kontextbedingungen unterscheiden sich lediglich durch die zugrunde liegende »coverstory«, das Experiment selbst bleibt unverändert. Im Falle geringer Institutionalisierung treten die Untersuchungsteilnehmer als Privatpersonen auf, sie werden einander mit ihren Vornamen vorgestellt und geben gemäß dieser Rahmung lediglich ihre persönliche Einschätzung des autokinetischen Effekts ab. Beim mittleren Institutionalisierungsgrad werden sie einander als fiktive Organisationsmitglieder vorgestellt, die die Schätzung als eine gemeinschaftliche Aufgabe begreifen sollen. Im Falle hoher Institutionalisierung wird die Beziehung zwischen denen, die die Bewegung des Lichtpunktes beurteilen, entpersönlicht. Die Untersuchungsteilnehmer werden einander nicht mehr namentlich, sondern als nummerierte Mitglieder vorgestellt (Mitglied 1, Mitglied 2 usw.). Zudem wird jeweils einem die Aufgabe des »light operators« zugewiesen, was bedeutet, dass er zwischen den Wiederholungen des Experiments das Licht an- und ausschaltet. Diese Aufgabe hat keinen Einfluss auf das Experiment, sie dient lediglich der symbolischen Differenzierung der Positionen.

Obwohl das Experiment selbst in allen Fällen auf die gleiche Weise durchgeführt wird, kommt es zu überaus unterschiedlichen Ergebnissen. Bei der Gruppe, die den autokinetischen Effekt unter Bedingungen geringer Institutionalisierung beurteilt, nimmt der Einfluss des Konföderierten von Phase zu Phase stark ab und nähert sich rasch dem Durchschnittswert an. In den beiden anderen Gruppen ist der Einfluss des Konföderierten dagegen anhaltend, so dass eine starke und nachhaltige Wirkung institutionalisierter Kontexte im Hinblick auf die Beeinflussung der Wirklichkeitswahrnehmung zu konstatieren ist (vgl. ebd.: 734). Bemerkenswerterweise sind die Effekte institutionalisierter Kontexte auch dann stabil, wenn später ein weiterer Konföderierter eingesetzt wird, um die Schätzungen der Untersuchungsteilnehmer erneut zu manipulieren. Während unter Bedingungen geringer Institutionalisierung neue Vorgaben bereitwillig übernommen werden, widersetzt man sich diesem Einfluss unter Bedingungen hoher Institutionalisierung. Zucker begründet diesen experimentellen Befund damit, dass in Fällen hoher Institutionalisiertheit neue Vorgaben als Abweichungen interpretiert werden, anstatt sie als neue Definition einer Situation zu akzeptieren. Entsprechend haben diese Vorgaben keinen bedeutsamen Einfluss auf die Wirklichkeitswahrnehmung unter Bedingungen hoher Institutionalisiertheit.

Zuckers Beitrag ist für die Konturierung des Neo-Institutionalismus in der Soziologie vor dem Hintergrund seiner klassischen Vorläufer bedeutsam, weil der Stellenwert von Sozialisation/ Norminternalisierung und Anreizen/Sanktionen reduziert wird. Beide Komplexe sind demnach nicht zwingend erforderlich, um objektivierte und veräußerlichte Formen sozialen Handelns zu gewährleisten. Unter direkter Bezugnahme auf ethnomethodologische und wissenssoziologische Auffassungen wird betont, dass im Falle hoher Institutionalisiertheit eine »direkte soziale Kontrolle – ob durch Anreize oder durch negative Sanktionen – nicht erforderlich [ist, die Verf.]. Die Anwendung von Sanktionen auf institutionalisierte Handlungen mag [dann, die Verf.] sogar den Effekt haben, diese zu de-institutionalisieren. Diese mögen weniger objektiv, unpersönlich und faktisch erscheinen – und die Sanktionierung mag anzeigen, dass attraktive Alternativen bestehen« (Zucker 1977: 728).[9] Zudem ist im Hinblick auf die Erforschung von Prozessen institutionellen Wandels an dem Untersuchungsdesign und den hiermit erzielten Ergebnissen bemerkenswert und für den Neo-Institutionalismus richtungsweisend, dass die ansonsten übliche dichotome Unterscheidung zwischen entweder (vollständig) institutionalisierten oder (vollständig) nicht-institutionalisierten Sachverhalten durch die Annahme variabler Institutionalisierungsgrade ersetzt wird: »Institutionalisierung ist nicht einfach vorhanden oder nicht vorhanden; im Gegensatz zu vielen der früheren Ansätze ist Institutionalisierung hier als Variable definiert, mit verschiedenen Graden der Institutionalisierung, die die kulturelle Persistenz dessen verändern, was erwartet werden kann« (ebd.: 726).

Aus dieser Prozessperspektive ergibt sich, dass die Wirksamkeit institutioneller Vorgaben im zeitlichen Verlauf variieren kann. Die Einführung spezifischer Anreize und Sanktionen kann hierbei Prozesse der De-Institutionalisierung reflektieren – und sie kann geeignet sein, auf solche Prozesse zurückzuwirken, indem sie institutionelle Vorgaben in Frage stellt.

3. Zusammenfassung

Die vorgestellten ›Meilensteine‹ des Neo-Institutionalismus könnten von ihrer Anlage her kaum unterschiedlicher sein: Handelt es sich bei Zucker (1977) um ein methodisch kontrolliertes Experiment, so sind die Aufsätze von Meyer/Rowan (1977) und DiMaggio/Powell (1983) eher programmatischer Natur und erscheinen als längere Thesenpapiere. Von einer empirischen Fundierung im engeren Sinne kann hier nicht die Rede sein. Die empirischen Referenzen wechseln häufig und sind wenig fokussiert. Dies gilt insbesondere für den Beitrag von Meyer und Rowan, in dem völlig heterogene Organisationen (Schulen, Firmen, Krankenhäuser etc.) und ihre gesellschaftlichen Umwelten (Behörden,

Kunden, Professionen etc.) eher assoziativ und primär zu Illustrationszwecken erwähnt werden. Inhaltliche Unterschiede bestehen vor allem hinsichtlich der Frage nach dem Kopplungsgrad zwischen formalen Strukturen und faktischen Aktivitäten. Während Meyer und Rowan für Organisationen eine nur sehr lose Kopplung annehmen und beide Bereiche als weitgehend unabhängig voneinander verstehen, zeigt Zucker in ihrem Beitrag, dass formale Strukturen (hier die »coverstory«) sehr wohl praktische Konsequenzen (hier die Einschätzung des autokinetischen Effekts) haben können. Ebenso erwarten auch DiMaggio und Powell, dass organisationale Praktiken und Formalstrukturen in konsistenter Weise aufeinander abgestimmt werden.

Jenseits dieser Unterschiede herrscht jedoch weitgehend Einigkeit, vor allem was die Ausrichtung des Neo-Institutionalismus auf die empirische Erforschung unterschiedlicher und in erster Linie organisational vermittelter Phänomene der modernen Gesellschaft betrifft. Die Rehabilitierung einer institutionalistischen Perspektive in der Soziologie basiert auf spezifischen Forschungsinteressen und Analysekategorien, die für den traditionellen Institutionalismus entweder von eher untergeordneter Bedeutung waren oder ihm noch nicht zur Verfügung standen. Damit wird die mittlerweile ebenfalls als traditionell zu bezeichnende Kritik seiner Prämissen hinfällig. Mit Zucker (1977) liegt der Fokus des Neo-Institutionalismus auf Prozessen institutionellen Wandels, für die »taken-for-granted«-Annahmen und aktive Aneignungsformen zentral sind. Mit Meyer/Rowan (1977) geraten Symbole und Mythen in den Blick; darüber hinaus ist ihrem Beitrag die wichtige Unterscheidung von Formal- und Aktivitätsstruktur zu verdanken. Und DiMaggio/Powell (1983) schließlich benennen drei unterschiedliche Mechanismen zur Erzeugung institutioneller Isomorphie, die in organisationalen Feldern wirken. Der Fokus liegt in allen drei Beiträgen auf konkret abgrenzbaren Untersuchungseinheiten. Übergeordnete Fragen, die sich auf die Bedeutung von Institutionen für die gesamtgesellschaftliche Reproduktion beziehen, bleiben demgegenüber ausgeklammert. Im Folgenden versuchen wir nun zu zeigen, wie die skizzierten Prämissen des Neo-Institutionalismus empirische Forschungen anleiten und welche Ergebnisse hieraus resultieren.

Für die Frühphase des Neo-Institutionalismus ist kennzeichnend, dass er sich auf die Analyse von Bildungs- und Kultureinrichtungen konzentriert hat. Diese Vernachlässigung der Analyse von Wirtschaftsunternehmen bedeutete die Erschließung von empirischen Forschungsfeldern, die innerhalb der Organisationsforschung eher stiefmütterlich behandelt wurden. Für öffentliche Schulen zeigten Brian Rowan, John W. Meyer, W. Richard Scott und andere, dass diese institutionelle Vorgaben ihrer vor allem politischen Umwelt übernehmen und in den Formalstrukturen der Organisation abbilden (vgl. Rowan 1982; Meyer et al. 1978; Scott/Meyer 1994a). Die zuvor beschriebenen Prozesse institutioneller Isomorphie ließen sich solchermaßen empirisch-vergleichend rekonstruieren und quantitativ belegen. Parallel hierzu untersuchten Paul J. DiMaggio und Walter W. Powell Organisationen, die wie Stiftungen (DiMaggio 1986), Museen (DiMaggio 1991) und Verlagshäuser (Powell 1985) auf die Verbreitung etablierter Kulturgüter spezialisiert sind. Auch hier konnte die Bedeutung sich wandelnder gesellschaftlicher Legitimationsbedingungen für die einzelnen Organisationen und das organisationale Feld insgesamt nachgewiesen werden.

Die anfängliche empirische Präferenz für Organisationen des Bildungs- und Kulturbereichs wurde mit der Unterscheidung zwischen institutionellen und technischen Sektoren begründet. Diese Unterscheidung wurde in Meyer/Scott (1983) im Anschluss an den in Kapitel II/1 skizzierten Beitrag von Meyer/Rowan (1977) entwickelt. Organisationen, die dem institutionellen Sektor zugeordnet sind, zeichnen sich dadurch aus, dass Fragen der Effizienz für sie nur eine untergeordnete Rolle spielen, denn weder operieren derartige Organisationen unter scharfen Wettbewerbsbedingungen noch bestehen allgemein konsentierte Kriterien zur Bestimmung und Messung von Effizienz. Stattdessen erfolgt die Sicherstellung von Ressourcen über den gesellschaftlichen Rückhalt dieser Organisationen. Es geht mit anderen Worten um ihre Legitimität. Demgegenüber ist der technische Sektor durch den zentralen Stellenwert von Effizienz- und Wettbewerbsaspekten geprägt. Organisationen, die in diesem Sektor operieren, sichern ihre Ressourcen über den effizienten Einsatz ihrer Mittel für klar definierte Zwecke. Die Unterscheidung zwischen institutionellen und technischen Sektoren war lange Zeit handlungsanleitend für neo-institutionalistische Studien, da sie sich ausschließlich auf Organisationen des institutionellen Sektors konzentrierten. Eine derartige Vorgehensweise ist nicht unproblematisch. So schreibt Powell noch 1991 selbstkritisch: »Ein großer Teil der empirischen Forschung hat sich bislang auf ›non-profit‹-Organisationen und öffentliche Einrichtungen (Schulen, Psychiatrie, Gesundheitswesen, kulturelle Institutionen etc.) gerichtet. Vielleicht unbeabsichtigt hat der Fokus auf öffentliche und ›non-profit‹-Sektoren zu dem geführt, was meiner Meinung nach eine unglückliche Aufteilung des organisationalen Universums ist« (183f.).

Deutlicher als Meyer/Scott (1983) machen Powell (1991) und nach ihm Frank Dobbin (1994a) klar, dass technische und institutionelle Umwelten Dimensionen darstellen, anhand derer sich sämtliche Organisationen beschreiben lassen. D.h., die Zugehörigkeit einer Organisation zu einem Sektor bedeutet nicht, dass nur eine der beiden Umwelten strukturbildend wirkt. Für ›non-profit‹-Organisationen lassen sich Effizienz- und Wettbewerbsaspekte ebenso in Rechnung stellen, wie Wirtschaftsorganisationen auf den Erhalt gesellschaftlicher Legitimation angewiesen sind. Die Bedeutung institutioneller und technischer Faktoren ist folglich eine fallweise zu klärende empirische Frage und keine vorab zu leistende Zuordnung. Auch in Wirtschaftsorganisationen finden sich legitimatorische Orientierungen; auch sie eignen sich zur Anwendung und Überprüfung des neo-institutionalistischen Instrumentariums.

Die zweite Hälfte des empirischen Teils unseres Beitrags wird hierauf konzentriert sein. Zuvor werden wir uns ausführlicher mit einem wichtigen Bereich beschäftigen, der ebenfalls außerhalb des frühen neo-institutionalistischen Fokus auf Bildungs- und Kultureinrichtungen liegt: staatliche Politik. Auf politische und wirtschaftliche Zusammenhänge richten sich gegenwärtig die meisten empirischen Studien. Sie sind in interdisziplinären Kontexten von Bedeutung, und von ihnen gehen entscheidende Anregungen für die theoretische Weiterentwicklung des Neo-Institutionalismus aus.

1. Politik

Aus der Perspektive des soziologischen Neo-Institutionalismus spielt staatliche Politik eine überaus wichtige Rolle. Bereits in den klassischen Texten gilt der Staat als relevante institutionelle Umwelt für unterschiedliche Typen formaler Organisationen (Meyer/ Rowan 1977) und staatlicher Zwang als einer der drei Mechanismen zur Erzeugung institutioneller Isomorphie (DiMaggio/ Powell 1983). Seit Mitte der 1980er Jahre findet eine eingehendere empirische und theoretische Beschäftigung mit staatlicher Politik statt. Der Beginn eigenständiger Politikanalysen im Rahmen des soziologischen Neo-Institutionalismus fällt damit in einen Zeitraum, der von gegenläufigen Entwicklungen in der sozialwissenschaftlichen Staats- und Politikdiskussion geprägt ist. Auf der einen Seite findet sowohl in der soziologischen Steuerungsdiskussion (Teubner/Willke 1984; Luhmann 1986) als auch in politikwissenschaftlichen Analysen (Schmidt 1988; Scharpf 1989) eine erhebliche Relativierung der Annahme staatlicher Gesellschaftssteuerung statt. Auf der anderen Seite wird in genau demselben Zeitraum, vor allem in den USA, eine dazu völlig konträre Staatsdiskussion geführt, die unter dem Stichwort »Bringing the State Back In« (Evans et al. 1985) mit Vehemenz eine Rehabilitierung der Rolle des Staates einfordert. Neo-institutionalistische Politikanalysen gehen zu beiden Positionen auf Distanz. Sie heben mit der Betonung symbolischer und legitimatorischer Aspekte die gesellschaftliche Einbettung und Strukturierung von staatlichen Organisationen hervor. Folglich müsste man sie in den Worten einer Hauptvertreterin der »Bringing the State Back In«-Diskussion als »stur gesellschaftszentriert« (Skocpol 1985: 8) bezeichnen, wie das Verdikt in Bezug auf rivalisierende Ansätze lautet. Gleichzeitig halten neo-institutionalistische Politikanalysen an der zentralen Stellung des Staates fest, womit sie im Gegensatz zu staatsrelativierenden Ansätzen stehen. Zur Positionsbestimmung werden diese Diskussionen allerdings nur selten benutzt. Weitaus wichtiger erscheint die Abgrenzung gegenüber vermeintlich reduktionistischen ökonomischen und politikwissenschaftlichen Ansätzen. Ihnen wird ein Ansatz entgegengehalten, der in zahlreichen anregenden Studien die konstitutive Bedeutung übergreifender sozialer Normen für staatliche Politik in den Vordergrund rückt.

Die folgende Darstellung politischer Handlungszusammenhänge aus der Perspektive des soziologischen Neo-Institutionalismus ist zweigeteilt. Zunächst werden Arbeiten vorgestellt, die primär die nationalstaatliche Politikebene fokussieren und Entscheidungsprozesse in Politik und Verwaltung institutionalistisch rekonstruieren. Dieser Bezugsrahmen wird anschließend erweitert. Hier werden Annahmen und Ergebnisse des sog. »world-polity«-Ansatzes vorgestellt, dessen Vertreter die Globalisierung grundlegender »westlicher« Kultur- und Strukturmuster international vergleichend erforschen.

1.1 Jenseits der Zweck-Mittel-Rationalität: Entscheidungsprozesse in Politik und Verwaltung

Aus der jahrzehntelangen Zusammenarbeit zwischen dem Stanforder Organisationsforscher *James G. March* und dem norwegischen Politikwissenschaftler *Johan P. Olsen* entstammen seit den 1980er Jahren auch erste grundlegende Beiträge zum neo-institutionalistischen Verständnis von Politik. Zwar platzieren die Autoren ihr diesbezügliches Hauptwerk »Rediscovering Institutions. The Organizational Basis of Politics« (1989: 1ff.) in einen politikwissenschaftlichen Kontext. Die inhaltlichen Bezüge bestehen jedoch sowohl zum organisationssoziologischen Neo-Institutionalismus, da ihr Ansatz erhebliche Parallelen zu Meyer/Rowan (1977) und DiMaggio/Powell (1983) aufweist, als auch zu den für Zucker (1977) prägenden Beiträgen des symbolischen Interaktionismus und zur Wissenssoziologie. March und Olsen bauen auf beiden Fundamenten auf und entwickeln solchermaßen ein nicht-instrumentelles, nicht-utilitaristisches Konzept der Politik. Politische Entscheidungsprozesse dienen demnach vor allem der Sinn- und Identitätsbildung. Diese Sichtweise lässt sich am Beispiel politischer Wahlen verdeutlichen: Der einzelnen Wählerin geht es bei der Stimmabgabe nicht unbedingt darum, ihren individuellen Nutzen zu maximieren, sondern sie bringt mit der Stimmabgabe ihr Selbstverständnis als Bürgerin zum Ausdruck.

Wahlen sind ebenso für die Identität moderner Nationalstaaten sinnvoll, und im Kontext der internationalen demokratischen Staatengemeinschaft dienen sie der Anerkennung als legitime Mitglieder. Gleichsam werden durch Wahlen politische Präferenzen erzeugt. So finden Parteien ihre Themen vielfach erst während des Wahlkampfes; sie sind ihnen nicht vorgegeben.

Instrumentelle und utilitaristische Politikkonzepte, die eine Ergebnisorientierung politischer Prozesse betonen sowie Präferenzen als gegeben behandeln und lediglich deren Aggregation zum Thema machen, setzen March und Olsen zufolge nicht tief genug an. Letztgenannten Konzepten liegt nach ihrer Analyse eine auf rationale und konkrete Wirkungen hin ausgerichtete Handlungslogik (»Wirkungslogik«) zugrunde. Diese wird von ihnen mit einer Handlungslogik kontrastiert, die auf normativ eingebetteten Vorstellungen über angemessenes Verhalten (»Angemessenheitslogik«) basiert.

Beide sich diametral gegenüberstehende Handlungslogiken fließen als unterschiedliche theoretische Prämissen in die konkrete Analyse politischer Institutionen ein. So können beispielsweise institutionelle Reformen entweder als Symbole der Innovationsbereitschaft oder als Durchsetzung einer instrumentellen Zweck-Mittel-Rationalität verstanden werden (vgl. March/Olsen 1989: 53ff., 69ff., 95ff.). Die jeweils unterschiedlichen Handlungsannahmen führen auch zu unterschiedlichen normativen Kriterien der Einschätzung und Bewertung politischer Institutionen (vgl. ebd.: 117ff., 143ff.). Ein der Wirkungslogik verpflichtetes Politikverständnis führt zur Verwendung vergleichsweise enger Zweck-Mittel-Kriterien im Beurteilungsprozess. Politische Institutionen sind demnach ausschließlich im Hinblick auf ihre Effekte zu evaluieren. Demgegenüber geraten bei einem der Angemessenheitslogik verpflichteten Politikverständnis nicht nur die Effekte, sondern auch die zugrunde liegenden Verfahren in den Blick. Die Einschätzung und Bewertung der Qualität demokratischer Politik, so ihr Fazit, bezieht sich auf politische Prozesse, die von der Meinungsbildung bis hin zur Entscheidungsfindung reichen. Hierbei spielen politische Institutionen eine entscheidende Rolle, denen somit ein erhebliches Maß an Verantwortung zugeschrieben wird.

Parallel zu March und Olsen entwickelt auch der schwedische

Organisationsforscher *Nils Brunsson* ein neo-institutionalistisches Konzept zur Politikanalyse. Ähnlich wie die beiden zuvor behandelten Autoren konturiert Brunsson (1989) seinen Ansatz in Auseinandersetzung mit all den Ansätzen, die politische Entscheidungsprozesse unter der Prämisse rationalen und zielgerichteten Handelns zu analysieren versuchen. Die Kritik von March/Olsen (1989) richtet sich jedoch primär auf individuelle, nutzenmaximierende Interessenmodelle. Brunsson hingegen grenzt sich vor allem von der politikwissenschaftlichen Implementationsforschung ab, die von einem hierarchischen Politikverständnis ausgeht und den vielfältig gebrochenen Prozess von der politisch ambitionierten Programmformulierung zur zumeist ernüchternden Programmimplementation durch die Verwaltung untersucht. Der Implementationsperspektive stellt Brunsson (vgl. 1989: 133ff.) eine Legitimationsperspektive gegenüber. In dieser Perspektive orientieren sich politische Entscheidungsprozesse weniger an der möglichst effektiven Durchsetzung politischer Ziele, sondern vielmehr an dem Erhalt und Gewinn von Legitimation.

Das basale Legitimationsproblem politischer Entscheidungsinstanzen wird dadurch verschärft, dass in ihrer Umwelt nach Brunsson – und hier weicht er deutlich von March und Olsen ab – multiple und zum Teil widersprüchliche Normen zur Definition angemessenen Verhaltens vorherrschen. Um unter solchen Bedingungen überhaupt politische Entscheidungen zu ermöglichen, müssen die Bereiche der nach außen gerichteten politischen Rhetorik (»talk«) und des faktischen Verwaltungshandelns (»action«) klar voneinander getrennt werden.[10] Aufgrund dieser irreduziblen Diskrepanz geht es, in den Worten Brunssons, um die Organisierung von Heuchelei (»hypocrisy«). Implementations- und Legitimationsperspektive führen zu völlig unterschiedlichen Ergebnissen bei der konkreten Politikanalyse. Brunsson (ebd.: 136ff.) erläutert dies am Beispiel eines lokalen Industrieansiedlungs- und Beschäftigungsprogramms in Schweden, das nicht in wirksame Verwaltungsmaßnahmen umgesetzt wurde. Unter Gesichtspunkten der Implementation muss man die Nicht-Umsetzung als Zielverfehlung interpretieren, denn dieser Lesart zufolge wurden politische Steuerungsintentionen in der Phase der Politikimplementation gebrochen. Untersucht man denselben

Befund unter Gesichtspunkten der Legitimation, so erscheint er demgegenüber als zwangsläufiger Effekt politikinterner Differenzierungsprozesse, in denen »talk« und »action« zeitlich und organisational getrennt wurden. Divergierende Umwelterwartungen an politische Entscheidungsinstanzen wurden, so die zynisch klingende Schlusspointe von Brunsson, erfolgreich aufgegriffen und in ein Programm transformiert, mit dem politischer Handlungsdruck abgewehrt und die Legitimation politischer Entscheidungsträger zumindest kurzfristig wiederhergestellt werden konnten.[11]

Brunssons Analyse liegen unterschiedliche Organisationsbegriffe zugrunde. Einerseits verwendet er einen sehr weiten Organisationsbegriff, der auch den Staat als Einheit von Politik und Verwaltung umgreift. Andererseits benutzt er den in der Organisationsforschung üblichen, vergleichsweise engen Begriff, der ausschließlich über Mitgliedschaft definierte formale Organisationen bezeichnet. In einer Reihe von Folgestudien, die er gemeinsam mit Olsen veröffentlicht hat, werden Verwaltungsreformen in formalen Organisationen des öffentlichen Sektors in Norwegen und Schweden untersucht (Brunsson/Olsen 1993). Kernannahme dieser Studien ist, dass Organisationen in institutionalisierte Umwelten eingebettet sind, aus denen sie Ressourcen und Legitimation beziehen. In institutionalisierten Umwelten werden allgemeine Vorstellungen über Modernität gebildet, die sich in Reformansprüchen an formale Organisationen niederschlagen. Ihre Ausrichtung und Inhalte variieren im Zeitverlauf. So wurden Verwaltungsreformen in den 1970er Jahren unter dem Oberbegriff »Demokratisierung« initiiert und durchgeführt; seit den späten 1980ern wiederum wurde dieser Oberbegriff durch den der »Effizienzsteigerung« ersetzt. Die Kontinuität von Reformansprüchen bei sich wandelnden Reformzielen führt u.a. dazu, dass in den »staatlichen Behörden und Kommunalverwaltungen Schwedens permanent neue Reformen erwartet und als völlig legitim betrachtet werden. In vielen großen Organisationen sind Reformen zur Routine geworden« (ebd.: 192).

Die von Brunsson/Olsen (1993) vorgestellten neo-institutionalistischen Analysen stellen eine De-Mystifizierung von Verwaltungsreformen dar, indem sie die damit verbundenen Erwartungen rationaler Organisationsentwicklung und hierarchischer Steuerung erheblich relativieren. Stattdessen arbeiten die Autoren zweierlei heraus: zum einen – im Anschluss an March/Olsen (1989) – den Prozesscharakter von Reformen, die weniger konkrete und intendierte Ergebnisse hervorbringen als vielmehr indirekte und zum Teil der Intention entgegenwirkende Effekte. Das ist darin begründet, dass Organisationen als informations- und sinnprozessierende Systeme einen spezifischen Wahrnehmungskontext bilden, in dem Reformvorstellungen selektiv reflektiert und behandelt werden. Dies führt beispielsweise dazu, dass Reformen, die als organisationsverändernd wahrgenommen werden, häufig Blockierungen hervorrufen und somit letztlich zur Stabilität und nicht zum Wandel von Organisationen beitragen. Zum anderen lässt sich – im Anschluss an Brunsson (1989) – die Diskrepanz zwischen organisationalem »talk« und organisationaler »action« im Prozess der Verwaltungsreform festhalten. Während man sich auf der »talk«-Ebene reformbereit gibt und veränderten Vorstellungen über angemessenes und modernes Organisationsverhalten rhetorisch Rechnung trägt, dominieren auf der »action«-Ebene der Organisation unveränderte Verhaltensweisen.

Während die zuvor zitierten Arbeiten empirisch eher kleinformatig angelegt sind, nutzt *Dobbin* (1994b) Einsichten des soziologischen Neo-Institutionalismus für eine international vergleichende historische Analyse. Thema seiner 1996 mit dem Max-Weber-Preis der Sektion »Organisation« der *American Sociological Association* ausgezeichneten Studie ist die Eisenbahnpolitik in den USA, Frankreich und Großbritannien zwischen 1825 und 1900. Eisenbahnpolitik ist Industriepolitik und als solche in weitergehende, national divergierende Vorstellungen über Rationalität eingebettet. Derartige Vorstellungen basieren auf institutionalisierten Ursache-Wirkungs-Zuschreibungen, die in der politischen Kultur des jeweiligen Landes begründet sind. Für die USA lässt sich in dem von Dobbin untersuchten Zeitraum ein Wandel von lokalen zu zentralstaatlichen Regulierungsaktivitäten konstatieren. Staatliche Regulierung bewegte sich gleichwohl in einem übergreifenden kulturellen Kontext, in dem Marktwirtschaft als Ursache zur Bewirkung von Rationalität gilt. Die Erwartung, durch den Rekurs auf marktwirtschaftliche Mechanismen ein

Höchstmaß an Rationalität zu erzielen, ist mit dem Wesen der französischen Industriepolitik des 19. Jahrhunderts zu kontrastieren, das einem autoritär-zentralistischen Staatsverständnis entspricht. Die Strukturähnlichkeit zwischen der institutionell verfestigten politischen Kultur und der frühen Eisenbahnpolitik bedeutet folglich, dass dieser Politikbereich einer weitreichenden staatlichen Kontrolle über die Planung, Finanzierung und Koordination unterliegt. Die frühe britische Eisenbahnpolitik steht zwar ähnlich wie die der USA in einem politisch-kulturellen Kontext, der von der Verfolgung ökonomischer Eigeninteressen gesamtgesellschaftliche Optima erwartet. Diese Rationalitätsannahme ist historisch allerdings unterschiedlich herzuleiten und institutionell eingefasst, so dass aus ihr unterschiedliche Logiken des Organisierens folgen. Während die US-amerikanische Interpretation der Marktwirtschaft zu einem regulativ ungehemmten Konzentrations- und Verdrängungsprozess führte, stärkte die britische Politik die Wettbewerbsfähigkeit kleinerer Unternehmen.

Dobbins Studie ist aus zwei Gründen wichtig: Erstens führt sie die im Neo-Institutionalismus mit Meyer/Rowan (1977) begonnene Entzauberung von Rationalität weiter, indem mit Hilfe einer historischen Fallstudie nachgewiesen wird, dass wirtschaftliche Rationalität im Rahmen spezifischer politischer Kulturen geprägt, unterschiedlich definiert und jeweils mythisch überhöht wird. Zweitens zeigt Dobbin, dass die Relevanz distinkter industriepolitischer Paradigmen nicht auf den von ihm untersuchten Zeitraum beschränkt ist. Kulturell begründete, institutionalisierte Ursache-Wirkungs-Zuschreibungen, die zu spezifischen organisationalen Lösungen führen, bleiben über die von Dobbin beschriebene Entstehungs- und Entwicklungsphase hinaus wirksam.[12] An ihnen brechen sich sowohl neuartige Erfordernisse an die Industriepolitik als auch internationale Diffusions- und Vereinheitlichungsprozesse.

1.2 »world polity«: Die Globalisierung westlicher Kultur- und Strukturmuster

Die interessantesten und reichhaltigsten neo-institutionalistischen Forschungen zur Politik sind unter dem Dach des »world-polity«-Konzeptes versammelt.[13] Es wird von Meyer und seinen Mitarbeiterinnen und Mitarbeitern seit mittlerweile zwei Jahrzehnten kontinuierlich weiterentwickelt.[14] Gerade hier zeigt sich die Spezifik neo-institutionalistischer Theoriebildung, die sich immer im Wechselspiel mit empirischen Forschungen vollzieht. Unter »world polity« ist zunächst recht allgemein »eine breite kulturelle Ordnung, die explizite Ursprünge in der westlichen Gesellschaft hat« (Meyer 1987a: 41), zu verstehen. Diese kulturelle Ordnung entspricht im Kern dem, was Klassiker der Soziologie wie Max Weber (1924) und Werner Sombart (1916) unter dem Stichwort »okzidentale Rationalisierung« behandelten. Der dem »world-polity«-Konzept zufolge anhaltende und unabgeschlossene westliche Rationalisierungsprozess zeichnet sich grundsätzlich dadurch aus, dass bestimmte Strukturformen legitimiert und hervorgebracht werden, während andere an Legitimation verlieren. Vor diesem Hintergrund versucht die »world-polity«-Forschung dann, die globale Diffusion westlicher Kultur- und Strukturmuster konkret zu analysieren. Mit der Fokussierung derartiger Muster, die vor allem hinter dem Rücken der Akteure wirken und ihre Handlungen prägen, stellt die »world-polity«-Variante innerhalb des Neo-Institutionalismus einen distinkten Ansatz innerhalb der aktuellen soziologischen Globalisierungs- und Weltgesellschaftsdiskussion dar (vgl. Wobbe 2000; Krücken 2005).

Meyer (1987a) identifiziert vor allem drei Strukturformen, die im Prozess der Formierung von »world polity« über ihren Ursprungskontext hinaus ausgedehnt werden: den Staat als Organisationsform des politischen Systems, formale Organisationen als grundlegendes Strukturprinzip der modernen Gesellschaft sowie das rationale und autonome Individuum als Handlungsträger.[15] Der Staat wird demnach zunehmend zur einzig legitimen Form der Artikulation für territorial gebundene Gemeinschaften im Rahmen der internationalen Politik. Staatengründung und die damit verbundene Anerkennung durch die zentrale organisationale Verkörperung von »world polity«, die *Vereinten Nationen*, ist folglich vordringlichstes Ziel sämtlicher Unabhängigkeitsbewegungen. Organisationen werden unter den Bedingungen von »world polity« zur zentralen Instanz kollektiven Handelns aufgewertet. Ihre hohe institutionelle Legitimität verdankt sich der Annahme, dass in ihnen der gesellschaftliche Wert zweckrationalen Handelns optimal zur Entfaltung gelangt.[16] Als dritte Bezugsebene zur Analyse von »world polity« erscheint schließlich das rationale und autonome Individuum, welches vor allem über die Zuschreibung von Rechten durch Organisationen der »world polity« konstituiert wird.[17] Mit der weltweiten Diffusion dieser drei Strukturformen werden zugleich die ihnen zugrunde liegenden kulturellen Wertbezüge globalisiert. Auch wenn der Status der »world polity« im Wesentlichen virtuell ist, gelten internationale Organisationen – von der *Weltbank* bis *Greenpeace* – als Hauptträger dieses Prozesses. Auf sie richtet sich folglich ein Großteil des Forschungsinteresses.

Prozesse und Mechanismen der Institutionalisierung von »world polity« werden an unterschiedlichen Beispielen studiert. Methodisch setzt man in der Regel statistische Verfahren zur Analyse von Längsschnittdaten ein. Im Folgenden werden insgesamt fünf für den Forschungszusammenhang repräsentative Publikationen vorgestellt. In den in *Boli/Thomas* (1999) versammelten Arbeiten wird ein grundlegender Mechanismus der Institutionalisierung von »world polity« herausgearbeitet: das quantitative Wachstum internationaler Nicht-Regierungsorganisationen (INROs) seit 1945. Gemeinsames Band dieser in sich sehr heterogenen Organisationen ist die Orientierung an dominanten »world-polity«-Prinzipien wie Universalismus, Individualismus, selbstorganisierte Handlungsfähigkeit, Fortschrittsglaube und Weltbürgerschaft. Aus diesem Grund sind INROs, die weder über formale demokratische Legitimation noch über die Möglichkeit verfügen, rechtlich bindende Entscheidungen durchzusetzen, durchaus handlungsmächtige Akteure im System der Weltgesellschaft. Anhand verschiedener Politikbereiche wird der erhebliche Einfluss von INROs auf die Verabschiedung nationaler Gesetze und internationaler Richtlinien aufgezeigt. Dies gilt Boli und Thomas zufolge nicht nur für die Bereiche, die, wie die Umwelt-

und Menschenrechtspolitik, im Zentrum der Medienaufmerksamkeit stehen, sondern auch und insbesondere für die eher verdeckte Einflussnahme auf Standardisierungs- und Normbildungsprozesse in Wirtschaft, Wissenschaft und Technik.

Meyer et al. (1997a) beleuchten in ihrem Aufsatz zur weltweiten Umweltpolitik die wechselseitige Verschränkung und Verstärkung der organisationalen Wachstumsdynamiken von internationalen Nicht-Regierungsorganisationen auf der einen und den *Vereinten Nationen* auf der anderen Seite. Dabei erleichterte der für die Einflussnahme organisierter Interessen offene Rahmen der *Vereinten Nationen* die Bildung global operierender Nicht-Regierungsorganisationen. Dies führte im Gegenzug zu verstärkter Organisationsbildung innerhalb der *Vereinten Nationen*. Das quantitativ beschriebene organisationale Wachstum ist in einen langfristigen Prozess der Ausdehnung wissenschaftlicher Deutungsmuster eingebettet, der sich auch auf das Verhältnis von Gesellschaft und Natur erstreckt. Dieser von Meyer et al. allerdings nicht quantifizierte Prozess stellt die kulturelle Grundlage der Entstehung eines weltweiten Umweltregimes dar, das von ihnen als »ein partiell integriertes Bündel von weltweit operierenden Organisationen sowie zugrunde liegenden Vorstellungen und Annahmen zum Verhältnis von menschlicher Gesellschaft und Natur« (ebd.: 623) definiert wird. Abschließend riskieren die Autoren zudem eine Einschätzung im Hinblick auf die zukünftige Entwicklung des Umweltregimes. Aufgrund seiner breiten kulturellen und organisationalen Verankerung nehmen sie eine weitere Ausdehnung an, während eine Schrumpfung und der Verlust an Einflussnahme als eher unwahrscheinlich erscheinen.

Kirby und *Kirby* (1996) beschäftigen sich mit demographischen Veränderungen. Dabei zeigen sie, dass im Gegensatz zur herrschenden Lehrmeinung die Verlangsamung des Bevölkerungswachstums in zahlreichen Ländern nicht ausschließlich auf ihre wirtschaftliche Entwicklung zurückzuführen ist. Vielmehr sind niedrige Geburtenraten auch der Verbreitung der dominanten westlichen Weltsicht geschuldet, der zufolge Bevölkerungswachstum ein globales Problem darstellt. Diese Weltsicht spiegelt sich in den *Vereinten Nationen* und ihren Suborganisationen wider und wird von zahlreichen nationalen Regierungen übernommen. Dabei kommen einerseits die Mechanismen zur Herstellung von institutioneller Isomorphie zwischen Nationalstaaten zum Tragen, die DiMaggio/Powell (1983) für den Bereich formaler Organisationen beschrieben haben (vgl. oben, Kap. II/1). Andererseits vollzieht sich dieser Angleichungsprozess nicht bruchlos und ohne Übersetzungsinstanzen. Die »world-polity«-Norm der Geburtenkontrolle wird nur in dem Maße handlungsrelevant, in dem nationale Regierungen, die als Übersetzungsinstanz fungieren, Bevölkerungswachstum als von ihnen selbst zu lösendes Problem wahrnehmen.

Woher wissen Staaten, was sie wollen? Mit diesem, an den zuvor diskutierten Beitrag von March/Olsen (1989) erinnernden Satz eröffnet *Finnemore* (1996) ihre Untersuchung zur staatlichen Präferenzbildung durch die internationale Gemeinschaft. Letztere bildet für die Autorin einen unhintergehbaren normativen Kontext, der staatliches Verhalten kausal beeinflusst.[18] Sie operationalisiert den Begriff der internationalen Gemeinschaft über internationale Organisationen, deren Einflussstärke quantitativ erfassbar ist. Diese in der »world-polity«-Forschung übliche Vorgehensweise bildet den methodischen Hintergrund für drei Fallstudien. Zunächst behandelt Finnemore die weltweite Herausbildung staatlicher Wissenschaftsbürokratien. Die Frage lautet, weshalb entwickelte Industrieländer und Entwicklungsländer ähnliche Formalstrukturen zur Förderung des wissenschaftlich-technischen Fortschritts etablierten. Dabei testet sie unterschiedliche Hypothesen mit dem Ergebnis, dass staatliche Wissenschaftsbürokratien vor allem in den 1950er und 1960er Jahren durch die aktive Rolle der *UNESCO* entstanden. Die *UNESCO* erklärte die Förderung des wissenschaftlich-technischen Fortschritts zur Staatsaufgabe und unterstützte den weltweiten Aufbau entsprechender Formalstrukturen; sie »lehrte Staaten, dass sie eine Wissenschaftsbürokratie wollten oder brauchten« (Finnemore 1996: 12). Damit diffundierte ein aus westlichen Industrienationen hervorgegangenes Modell unabhängig von den nationalen Gegebenheiten über Landesgrenzen hinweg und führte zur »institutionellen Isomorphie« (DiMaggio/Powell 1983) der staatlichen Ministerialstruktur.[19]

Finnemores zweites Beispiel zur staatlichen Präferenzbildung ist historisch orientiert. Thema ist die Domäne staatlicher Politik, in welcher Staaten vermutlich die größte Autonomie zugeschrieben wird: Kriegsführung. Krieg ist nach Finnemore jedoch nicht als ungeregelter Hobbes'scher Urzustand zu verstehen, sondern als »hochgradig regulierte soziale Institution« (Finnemore 1996: 69). Und auch hierfür wird behauptet, dass internationale Organisationen eine zentrale Instanz der Regulierung staatlichen Verhaltens darstellen. Als empirische Fallstudie zum Beleg dieser Behauptung wählt Finnemore die »Genfer Konvention« von 1864. In ihr wurden humanitäre Normen für die Behandlung von Verwundeten, Kriegsgefangenen, medizinischem Personal und Zivilpersonen festgelegt. Ihre Verabschiedung und Unterzeichnung durch europäische Nationalstaaten geht auf die Initiative des *Internationalen Komitees des Roten Kreuzes* zurück; dagegen blieb die staatliche Einflussnahme auf die Konvention von untergeordneter Bedeutung.

Als dritten Fall staatlicher Präferenzbildung durch die internationale Gemeinschaft untersucht die Autorin die Rolle der *Weltbank*. Ähnlich wie in der ersten Fallstudie geht es auch hier um die Definition von Staatsaufgaben durch eine organisationale Einrichtung der entwickelten »world polity«. War die Weltbankpolitik bis zum Ende der 1960er Jahre noch ausschließlich darauf ausgerichtet, nationales Wirtschaftswachstum zu fördern, so fand seitdem eine Erweiterung der Zielvorgaben statt. Die Berücksichtigung von Aspekten der Verteilungsgerechtigkeit und Armutsbekämpfung ist ebenfalls zum integralen Bestandteil der Mittelvergabepraxis geworden. Diese Aspekte fließen in ein gewandeltes Entwicklungsmodell der Weltbank ein, das den normativen Kontext für zahlreiche nationalstaatliche Entscheidungen, vor allem in Entwicklungsländern, bildet.

Der von *Drori et al.* (2003) herausgegebene Sammelband schließt inhaltlich an die erste Fallstudie von Finnemore an, indem hier die historischen Voraussetzungen und gesellschaftlichen Folgen der weltweiten Diffusion von Wissenschaft und Wissenschaftspolitik behandelt werden. Wissenschaft wird hier nicht im technisch-instrumentellen Sinne, sondern als kulturelles Symbol für Modernität verstanden. Die zunehmende Orientierung an Wissenschaft gilt demzufolge als zentrales Charakteristikum umfassender gesellschaftlicher Rationalisierungsprozesse. Vor allem mit Hilfe unterschiedlicher Methoden der quantitativen Sozialforschung – neben den üblichen Verfahren wie Faktorenanalysen und linearer Regression werden insbesondere lineare Strukturgleichungsmodelle für Panel-Daten sowie Ereignisanalysen verwendet – werden Prozesse der Verwissenschaftlichung in ganz unterschiedlichen Bereichen untersucht. Vor allem zwei Ergebnisse sind bemerkenswert. Erstens zeigen die Autorinnen und Autoren, dass eine mythische Überhöhung der Wissenschaft auf Seiten der internationalen Organisationen und der Nationalstaaten stattfindet. Wissenschaft wird hier als Garant für wirtschaftliche Entwicklung angesehen. Dieser Zusammenhang wird jedoch zurückgewiesen. So lässt sich der weltweite Aufbau von Wissenschaftsministerien den Untersuchungen in Drori et al. (2003) zufolge nicht zweckrational begründen, da statistisch eine negative Korrelation zwischen ihrem Aufbau und dem nationalen Wirtschaftswachstum nachgewiesen wird. Zweitens trägt die globale Diffusion wissenschaftspolitischer Strukturen und wissenschaftlicher Deutungsmuster zur gesellschaftsweiten Diffusion von Diskursen bei, in denen das Individuum und seine Rechte als zentrale Bezugsgrößen politischen Handelns konstituiert werden.[20] Es zeigt sich, anders als hinsichtlich der wirtschaftlichen Entwicklung, eine signifikante Zunahme an liberalen Freiheitsrechten, politischer Mobilisierung und Partizipation in den Staaten, die seit den 1970er Jahren in das global operierende Wissenschaftssystem einbezogen wurden.

Fasst man die bisherigen Ergebnisse der »world-polity«-Forschung zusammen, so lässt sich das neo-institutionalistische Politikverständnis im Hinblick auf den Staat wie folgt präzisieren: Einerseits gewinnt der Staat im Prozess der »world-polity«-Formierung an Bedeutung, indem er zum zentralen Adressaten der »world polity« und ihrer Organisationen avanciert. Andererseits führt seine zunehmende Strukturierung durch die »world polity« und ihre Organisationen zum Verlust an nationaler Autonomie und Eigenständigkeit. Diese Grundfigur eröffnet unterschiedliche Anschlussmöglichkeiten für weitere Untersuchungen. Man könnte sie sowohl in Richtung auf eine noch nicht vorhandene neo-institutionalistische Staatstheorie hin ausbauen, als auch zur empirischen Analyse aktueller Themenbereiche der internationalen Politik einsetzen – man denke nur an humanitär begründete oder nicht mit den *Vereinten Nationen* abgestimmte Militärinterventionen.[21]

Methodische Vorgehensweise und theoretische Fundierung der »world-polity«-Forschung sind nicht unumstritten. Die dem Neo-Institutionalismus vielfach vorgeworfene Makroorientierung (vgl. nur Hirsch/Lounsbury 1997) wird in den Untersuchungen zur »world polity« auf die Spitze getrieben. Methodisch geraten nahezu ausschließlich sehr hoch aggregierte statistische Zusammenhänge in den Blick, für deren Berechnung quantitative Längsschnittdaten zur Verfügung stehen. Diese methodische Ausrichtung ist in erster Linie theoretisch begründet. Der »world-polity«-Forschung unterliegt ein letztlich doch sehr geradliniges theoretisches Modell gesellschaftlicher Rationalisierung, das von Finnemore wie folgt ironisch zusammengefasst wird: »Weberianische Rationalität marschiert schonungslos über die Erde und hinterlässt eine vermarktete und bürokratisierte Welt, die aus ähnlichen Formen besteht« (1996: 138).

Dadurch liegt ein übermäßig starker Akzent auf Strukturangleichungsprozessen, während heterogene Strukturmuster und Prozessverläufe nicht systematisch erfasst werden. Dem kann auf zweierlei Art und Weise begegnet werden: Erstens bedarf es, wie Checkel (1998: 342ff.) zu Recht betont, einer Forschungsperspektive, die sich auf die nationalstaatliche Kontextuierung von »world-polity«-Vorgaben richtet. Nur so lassen sich konkrete Sinnzusammenhänge und Möglichkeiten zum Vergleich unterschiedlicher Kontextualisierungen erschließen. Eine derartige Perspektive verhält sich zur gegenwärtigen »world-polity«-Forschung komplementär. Sie bedeutet eine Erweiterung des Methodenspektrums um die unterschiedlichen Methoden der qualitativen Sozialforschung; darüber hinaus sind stärkere Bezüge zu den weiter oben vorgestellten neo-institutionalistischen Politikanalysen herzustellen, die außerhalb des »world-polity«-Bezugsrahmens liegen.[22] Zweitens muss man sich unseres Erachtens eingehender mit den theoretischen Entwicklungspotentialen des Neo-Institutionalismus insgesamt beschäftigen. Unsere Vermutung lautet, dass die Voraussetzung zur Nutzung dieser Potentiale vor allem darin besteht, eine offene und lernbereite Auseinandersetzung mit anderen gegenwärtig vertretenen Sozialtheorien zu führen. Aus diesem Grund werden im Kapitel IV Kernpunkte dieser Auseinandersetzung sowie theoretische Weiterentwicklungen innerhalb des Neo-Institutionalismus dargestellt. Zuvor möchten wir jedoch Annahmen und Ergebnisse neo-institutionalistischer Wirtschaftsanalysen präsentieren.

2. Wirtschaft

Die ersten Beiträge zu einer neo-institutionalistischen Analyse wirtschaftlicher Strukturen waren dem funktionalistischen Denken der klassischen Organisationsforschung verpflichtet. Dieser klassische Ansatz nahm an, dass organisatorische Strukturen die Funktion haben, Aktivitäten im Kernbereich einer Organisation gegenüber potentiell störenden Umwelteinflüssen zu schützen. Dieser Grundgedanke, von James D. Thompson (1967) elaboriert, ließ sich mühelos auf legitimatorische Rahmenbedingungen übertragen (vgl. Meyer/Rowan 1977). Wirtschaftsorganisationen sind demzufolge mit Erwartungen konfrontiert, die potentiell die Aktivitäten im Kernbereich einer Organisation in Frage stellen. Beispiele hierfür lassen sich aus ökologischen oder aus sozialpolitischen Zusammenhängen anführen, wenn etwa die chemische Industrie oder die Biotechnologie mit der Akzeptanzfrage konfrontiert werden oder wenn arbeitsmarktpolitische Forderungen, die das unternehmerische Kalkül unterlaufen, an Wirtschaftsorganisationen adressiert werden. Thompson identifizierte organisatorische Bewältigungsstrategien und -strukturen (etwa in Form der Lagerhaltung), die Produktionsprozesse im Kernbereich einer Organisation vor potentiell störenden Umwelteinflüssen (etwa in Form eines diskontinuierlichen Materialzuflusses) schützen. Ebenso wird für legitimatorisch bedeutsame Umwelten angenommen, dass sich Organisationen mit den entsprechenden Umweltsegmenten auseinander setzen und z.B. Öffentlichkeitsabteilungen gründen oder Sozialbilanzen oder andere Berichte verfassen, die dem Umgang mit solchen Erwartungen dienen.

Das Gleiche gilt für andere Formen der Einflussnahme wie etwa für gesetzliche Auflagen oder für Professionsstandards. Entscheidend ist jeweils, dass man einen zu schützenden Kernbereich annimmt, der von diesen Turbulenzen unbeeinflusst bleiben soll. Im Falle erfolgreicher Organisation ändern externe Erwartungen folglich ebenso wenig an den Kernaktivitäten der hiervon betroffenen Wirtschaftsorganisationen, wie die Fließbandproduktion ungeachtet diskontinuierlicher Zulieferung weiterläuft. Die einen richten Lagerhallen ein; die anderen Öffentlichkeitsabteilungen (vgl. Hasse/Japp 1997). Die für den frühen Neo-Institutionalismus zentrale Bedeutung einer losen Kopplung zwischen symbolischer Umweltanpassung und interner Praxis ist insofern durchaus rational begründet.

Im Anschluss an diese klassische Perspektive sind aber auch die vermeintlich unbeeinflussbaren Kernbereiche von Wirtschaftsorganisationen deutlicher mit institutionellen Orientierungen in Beziehung gesetzt worden. Demnach gibt es keine strategischen oder strukturellen Kernbereiche außerhalb institutioneller Erwartungszusammenhänge. Die Stabilisierung und Nicht-Hinterfragung derartiger Bereiche gilt vielmehr selbst als Resultat institutioneller Orientierungen; auch sie ist legitimatorisch, symbolisch und sinnhaft begründet. Die Wirtschaft ist deshalb ein Gesellschaftsbereich wie alle anderen auch. Sie ist durch spezifische Erwartungszusammenhänge gekennzeichnet, aus denen sich Vorgaben, Ideale und Angemessenheitskriterien ableiten lassen (vgl. DiMaggio 1994). Im Folgenden werden wir die Grundzüge der neo-institutionalistischen Analyse des Wirtschaftslebens rekonstruieren. Dabei werden zunächst Studien vorgestellt, die sich auf Organisationen und organisationale Felder beziehen. Im Anschluss hieran geht es in einem umfassenderen Sinn um Markt- und Wettbewerbsstrukturen in der Wirtschaft.

2.1 Jenseits der Effizienz: Zur Legitimität von Wirtschaftsunternehmen

Ende der 1980er Jahre thematisieren *Marshall Meyer* und *Lynne G. Zucker* ein Phänomen des Wirtschaftslebens, das die Wirksamkeit kompetitiver Selektionsprozesse grundsätzlich in Frage stellt: die Überlebensfähigkeit von Wirtschaftsorganisationen, die dauerhaft ihren Zweck – wirtschaftlichen Gewinn zu erzielen – verfehlen. Die Frage ist: Wie gelingt es solchen Unternehmen, ihre Überlebensfähigkeit zu sichern? Die Antwort lautet: Diese Organisationen sind effektiv, ohne effizient zu sein. Es gelingt ihnen, Ressourcen zu mobilisieren, obwohl diese Ressourcen vergleichsweise ineffizient eingesetzt, wenn man so will: verschwendet werden. Eine Akquisition von Ressourcen ist im Falle dauerhaft scheiternder Organisationen möglich, weil diese Unternehmen einen besonderen Rückhalt oder eine besondere Förderungswürdigkeit erfahren. Insofern handelt es sich um Organisationen, für die Legitimität wichtiger ist als Leistungsfähigkeit.

Zumindest indirekt ist der von Meyer/Zucker (1989) hervorgehobene Zusammenhang von Überlebensfähigkeit und Ineffizienz durch zahlreiche empirische Befunde der Organisationsforschung gut belegt. Die Leistung der Autoren besteht in der »Verbindung von zwei bekannten Beobachtungen zu einer fesselnden Einsicht. Erstens nimmt organisatorische Mortalität mit zunehmendem Alter ab. Zweitens verbessert sich die Leistungsfähigkeit von Organisationen nicht mit zunehmendem Alter. Aus diesen beiden gesättigten Forschungsergebnissen leiten die Autoren eine subversive Schlussfolgerung ab: Effizienz ist nur eine – und nicht notwendigerweise die wichtigste – Determinante der Überlebensfähigkeit von Organisationen« (DiMaggio 1989: 9).

Das thematisierte Phänomen dauerhaft scheiternder Organisationen wird von den Autoren mit vier Fallstudien belegt. Wie gleich zu sehen sein wird, zeigt jede dieser Fallstudien, dass es sich um außergewöhnliche Unternehmen handelt. Sie operieren unter besonderen Bedingungen und in besonderen Marktsegmenten. Man mag deshalb prüfen, inwiefern es sich dabei um Ausnahmeerscheinungen handelt (Meyer/Zucker 1989: 79ff.). Zugleich ist die Unterschiedlichkeit der behandelten Fallstudien geeignet, Aufschlüsse über die Vielfalt der Ursachen und Erscheinungsformen dauerhaft scheiternder Unternehmen zu liefern.

Der erste Fall bezieht sich auf den »Harold Examiner«, eine bis in die 1960er Jahre führende Tageszeitung in Los Angeles. Der

»Harold Examiner« wird im Laufe von zehn Jahren heruntergewirtschaftet. Die Auflage halbiert sich, die Anzeigeneinnahmen nehmen rapide ab, und das Unternehmen macht Verluste von geschätzten 10 Millionen US-Dollar. Der »Harold Examiner« wird als ehemaliges »Flaggschiff des Hearst Verlagshauses« (ebd.: 31) lange Zeit weitergeführt, ohne dass Anstrengungen unternommen werden, die zu einer Verbesserung der wirtschaftlichen Lage führen können. Dies ist in der Uneinigkeit zwischen den Eigentümern hinsichtlich der Zukunft des Familienunternehmens begründet. Die einen plädieren aufgrund der enormen Verluste für eine Schließung des Unternehmens, die anderen lehnen dies aufgrund der hohen symbolischen Bedeutung der Zeitung für das Hearst-Imperium ab.

Der zweite Fall ist die »Rath Packing Company«, die in den 1930er Jahren der größte Fleischvertrieb in den Vereinigten Staaten war. In den 1970er Jahren kommt es zu einer dramatischen Verschärfung des Wettbewerbs, und das Unternehmen erleidet aufgrund vernachlässigter Modernisierungen und hoher Lohnkosten Verluste in Höhe von mehr als 20 Millionen Dollar. Um staatliche Subventionen in Anspruch nehmen zu können, werden die Arbeitnehmer am Unternehmen beteiligt. In den nächsten fünf Jahren verdoppeln sich die Verluste noch einmal. Bevor das Unternehmen 1985 endgültig schließt, sind sämtliche Reserven inklusive der Pensionskasse der Arbeitnehmer aufgezehrt. Das Unternehmen hat viele Jahre der Ineffizienz und der fehlenden Wettbewerbsfähigkeit überlebt, indem zunächst Bankdarlehen, dann staatliche Förderungen und schließlich die Erträge und Ersparnisse der Arbeitnehmerseite als Ressourcen in Anspruch genommen werden konnten. Auch in diesem zweiten Fall basiert die Möglichkeit der Akquisition von Ressourcen nicht auf effizientem Wirtschaften, sondern auf dem Rückhalt, den diese Organisation erfährt und der sie befähigt, Ressourcen zu akquirieren.

Der dritte Fall betrifft den Bildungsbereich. Es geht um die beabsichtigte Schließung einer Highschool und um die Folge des massiven Protestes, der gegen diese Pläne gerichtet war: Der Träger, die Erzdiözese Los Angeles, verzichtet im Anschluss an diese Proteste darauf, bestehende Überkapazitäten in dem betreffenden

Distrikt abzubauen, und akzeptiert, dass dadurch dauerhaft Verluste gemacht werden.

Im vierten Fall geht es um politische Maßnahmen zum Schutz der Stahlindustrie. Sie führen zu dem auch in Europa lange Zeit vertrauten Sachverhalt, dass Stahlunternehmen unabhängig von ihrem wirtschaftlichen Erfolg deshalb weiterbetrieben werden, weil die sozialen Kosten einer Schließung der Standorte politisch und gesellschaftlich nicht akzeptiert werden. Während die Fallstudie der Highschool dem Bildungssektor zugeordnet ist, verweist das Fallbeispiel der industriellen Stahlproduktion auf einen Sachverhalt, der sehr viele Wirtschaftsbranchen betrifft, insbesondere diejenigen, die sich in einer Strukturkrise befinden, und solche, von denen man sich zukünftige Impulse verspricht. In beiden Fällen ist es durchaus üblich, nicht auf marktwirtschaftliche Lösungen zu vertrauen. Organisationen dieser Branchen besitzen ein hohes Maß an Legitimität, durch das sie in die Lage versetzt werden, Ressourcen zu akquirieren, obwohl diese auf absehbare Zeit nicht effizient eingesetzt werden, und auch niemand etwas anderes erwartet.

Auch eine Studie von *Neil Fligstein* ist gegen die Überbetonung von Effizienzargumenten gerichtet: »Die ökonomische Theorie besagt, dass eine Firma so lange produziert, bis sie keine Profite mehr macht. Unglücklicherweise [...] fuhren Firmen jedoch auch jenseits des Punktes einer Null-Profitabilität fort, weiter zu produzieren« (Fligstein 1990: 21). Fligstein bezieht sich dabei auf die Anfänge des bis in die Gegenwart hineinreichenden Strukturwandels der großen amerikanischen Industrieunternehmen Ende des 19. Jahrhunderts. Er knüpft thematisch an die wichtigen Arbeiten des Wirtschaftshistorikers Alfred D. Chandler (1962, 1977) an und stellt Chandlers Ergebnissen seine Befunde entgegen: Der Strukturwandel der amerikanischen Industrieunternehmen ist seiner Analyse zufolge ein überaus homogener Prozess, dessen Ursachen in dem Zusammenwirken von veränderten staatlichen Rahmenbedingungen (insbesondere den Anti-Trust-Gesetzen) und Prozessen »mimetischer Isomorphie« (DiMaggio/Powell 1983, vgl. auch Kap. II/1) in organisationalen Feldern liegen.

Mit dem Konzept organisationaler Felder bezieht sich Fligstein auf eine Form der sozialen Einbettung, aus der sich Ideale und Angemessenheitskriterien ableiten lassen (siehe auch Fligstein 2001: 67ff.). Die Orientierung an erfolgreichen Trendsettern hat nach Fligstein die strukturelle Entwicklung der amerikanischen Wirtschaft grundlegend geprägt. »Die Existenz organisationaler Felder verdankt sich der wechselseitigen Anerkennung einer Interdependenz zwischen Akteuren in verschiedenen Firmen. Diese Akteure sind durch ähnliche Konzeptionen legitimen Handelns und durch eine ähnliche Einschätzung der Position jeder einzelnen Organisation in diesem Feld miteinander verbunden. [...] Durch wechselseitige Beobachtung konstruieren Manager Handlungsvarianten und finden für sich selbst Marktnischen. Das Problem ist zu entscheiden, an wem man sich orientiert und wie deren Handlungen zu interpretieren sind« (Fligstein 1990: 5f.).

Der wichtigste Aspekt dieser Art der Einbettung in ein organisationales Feld ist eine »freiwillige« Standardisierung und Regelorientierung sozialen Handelns. Der Effekt ist ein hohes Maß an Stabilität (Fligstein 2001: 83). Sie kommt darin zum Ausdruck, dass für die vergangenen 100 Jahre nur vier verschiedene, aufeinander folgende Kontrollstrategien zu unterscheiden sind: »Seit 1880 hat es nur vier verschiedene Kontrollkonzepte gegeben, die von den Führern der größten amerikanischen Unternehmen verfolgt wurden: direkte Kontrolle der Konkurrenten, Kontrolle der Zulieferbeziehungen, Vertriebs- und Marketingkontrolle und Finanzkontrolle« (Fligstein 1990: 12). Als Auslöser für diese Transformationen, die zunächst von wenigen erfolgreichen Trendsettern eingeführt und von Nachahmern rasch übernommen wurden, betont Fligstein jeweils staatliche Aktivitäten, d.h. die Regulierung der kapitalistischen Wirtschaft insbesondere in Form von Kartellgesetzen.

Die Wirtschaft gilt Fligstein als hochgradig regulierter Bereich: einerseits aufgrund externer Regulierung durch staatliche Maßnahmen, andererseits wegen der wechselseitigen Orientierung auf Seiten wirtschaftlicher Akteure. Die erste Form der Regulierung entspricht dabei dem »coercive isomorphism« im Sinne von DiMaggio/Powell (1983). Im Falle neuer Gesetze ist »coercive isomorphism« ein Impuls für Wandlungsprozesse. Wie dieser Impuls verarbeitet wird, ergibt sich dann aus der zweiten Form der Regulierung, die dem Typus der ebenfalls von DiMaggio und Powell beschriebenen mimetischen Isomorphie entspricht. Sie bewirkt, dass die Vorgaben auf überaus homogene Weise verarbeitet werden, sobald sich organisationale Felder entwickelt haben, die als Referenzen dienen und Anleitungen (»scripts«) zur Verfügung stellen, aus denen hervorgeht, wie mit externen Vorgaben und Einflüssen umgegangen werden kann.

Fligsteins Studie ist außergewöhnlich, weil sie historisch angelegt ist und anhand umfangreicher Daten Prozesse strukturellen Wandels in der Industrie rekonstruiert. Andere neo-institutionalistische Studien zum Wandel unternehmerischer Strukturen und Strategien sind demgegenüber kleinformatiger. Sie sind auf einzelne konkrete Phänomene bezogen und behandeln ihr Thema auf der Grundlage eines vergleichsweise kleinen Untersuchungsbereichs. Vorwiegend geht es dabei um die Inkorporierung neuartiger legitimer Strukturen und Verfahren: Ausbildungsideale und -programme (Scott/Meyer 1994b; Monahan et al. 1994); interne Arbeitsmärkte und Aufstiegschancen (Dobbin et al. 1994); Personalentwicklungssysteme (Baron et al. 1986); Techniken der Wirtschaftsprüfung und Buchführung (Mezias 1990, 1995; Han 1994; Meyer 1994b) etc.

In der Regel betonen die Studien dieses Zuschnitts, dass es sich um externe Vorgaben handelt, die von den jeweiligen Unternehmen aus legitimatorischen Gründen übernommen werden. Der Neo-Institutionalismus thematisiert somit nicht Innovationen, sondern Diffusionsprozesse (Strang/Meyer 1993). Externe Vorgaben werden von den betroffenen Unternehmen deshalb übernommen, weil andernfalls gravierende Nachteile in Form von Legitimationsentzug oder Sanktionen in Kauf genommen werden müssen. Dies ist darin begründet, dass eben auch die Wirtschaft keine Sphäre »gesellschaftsfreier« Rationalität und Effizienzorientierung ist, sondern eine, die durch gesellschaftliche Erwartungen im Allgemeinen und durch staatlich-politische Regulierung im Besonderen beeinflusst wird. Insofern betont der Neo-Institutionalismus ungeachtet der Eigendynamik wirtschaftlicher Entwicklung die soziale Einbettung von Unternehmen. Die Wirtschaft gilt als sozialer Sektor, der durch die Herausbildung spezifischer Erwartungszusammenhänge gekennzeichnet ist. Die

Erwartungszusammenhänge betreffen die Selbstverständnisse, Ziele und Strategien der Adressaten auf grundlegende Weise. Diese werden allerdings nicht allein durch allgemeine gesellschaftliche Erwartungen oder durch konkrete staatliche Vorgaben geprägt. Sie entwickeln sich vielmehr auch aufgrund von Prozessen wechselseitiger Orientierung zwischen Konkurrenten. Den daraus resultierenden Prozessen »mimetischer Isomorphie« wollen wir uns nun im Zusammenhang einer Erörterung der wirtschaftlichen Wettbewerbsdynamik aus neo-institutionalistischer Perspektive zuwenden.

2.2 Markt- und Wettbewerbsstrukturen in der Wirtschaft

Neo-institutionalistische Markt- und Wettbewerbsanalysen betonen Prozesse wechselseitiger Orientierung zwischen Konkurrenten. Anbieter gleichartiger Produkte, so wird behauptet, orientieren und vergewissern sich aneinander hinsichtlich möglicher Strategien. Mit ihrer Betonung der wechselseitigen Beeinflussung gleichartiger Organisationen knüpfen diese Studien an die wirtschaftssoziologischen Beiträge von *Harrison C. White* (1981, 1993) an. White argumentiert, dass es für Anbieter, die in sog. Produktionsmärkten operieren, nicht ratsam ist, sich entsprechend dem Marktmodell der Wirtschaftswissenschaften zu verhalten, d.h., sich am Nachfrageverhalten zu orientieren. Stattdessen ist es geboten, so White, sich erfolgreiche Praktiken potentieller Konkurrenten anzueignen und sie auf eine Art zu übernehmen, die für die jeweiligen Organisationen passend ist. Es sind insbesondere zwei Studien, die im Rahmen des Neo-Institutionalismus Marktstrukturen zum Gegenstand ihrer Untersuchungen machen. Die eine stammt wiederum aus *Fligsteins* Feder (1996, vgl. Kap. III/2.1), die andere ist von *Theresa Lant* und *Joel Baum* (1995).

Fligsteins Beitrag enthält zwei Aspekte, die für ein neo-institutionalistisches Verständnis des Wettbewerbs wichtig sind: Erstens werden Märkte als in institutioneller Hinsicht anspruchsvolle und voraussetzungsreiche Strukturen skizziert; sie stellen demzufolge alles andere als einen norm- und regelfreien Naturzustand dar (vgl. Fligstein 1996: 658). Hierbei bezieht er sich auf Einsichten soziologischer Klassiker. Insbesondere Durkheim hat mit seinem Hinweis auf die »vorvertraglichen Voraussetzungen des Vertrages« auf die gesellschaftlichen und politisch-rechtlichen Grundlagen der Marktwirtschaft aufmerksam gemacht. Es sind beispielsweise Sozialisationsprozesse erforderlich, die Gesellschaftsmitglieder zu »vernünftigen« Marktteilnehmern machen, zudem ein Minimum an wechselseitigem Vertrauen sowie schließlich ein Rechtssystem mit Vertragsnormen und anderen Gesetzen, die die Einhaltung der Rechtsvorschriften garantieren (vgl. zusammenfassend Hodgson 1988 sowie DiMaggio 2001: 18f.). Zugleich reicht es nicht aus, einmal die Entstehung des Marktes zu ermöglichen und diesen dann sich selbst zu überantworten, weil Märkte zur Selbstauflösung tendieren. Deshalb gibt es in allen Ländern Gesetze und Regulierungseinrichtungen, die den Wettbewerb garantieren und Monopolisierungen verhindern.

Der zweite von Fligstein hervorgehobene Aspekt, der für ein neo-institutionalistisches Verständnis der Funktionsweise wirtschaftlichen Wettbewerbs von zentraler Bedeutung ist, bezieht sich auf die strategischen Orientierungen der Produzenten von Gütern und Dienstleistungen. Diese strategischen Überlegungen laufen im Kern darauf hinaus, »direkten Wettbewerb zu vermeiden« (Fligstein 1996: 662). In bestehenden Märkten ergeben sich Möglichkeiten der Wettbewerbsvermeidung, wenn es gelingt, die Anzahl der Konkurrenten überschaubar zu halten, sich mit wenigen Konkurrenten abzustimmen und jeweils spezifische Nischen zu besetzen. Solche Abstimmungen sind zwischen wenigen großen Unternehmen eher möglich als zwischen vielen kleinen Unternehmen. Große Unternehmen sind zudem eher in der Lage, aktiv auf ihre Rahmenbedingungen einzuwirken. Dies gilt sowohl für politisch-rechtliche Gestaltungsmöglichkeiten als auch für die Organisation der Beziehung zu Zulieferern und Leistungsabnehmern. Die politisch-rechtlichen und die Marktbedingungen sind aufgrund der Definitionsmacht zentraler großer Anbieter oftmals so gestaltet, dass »newcomer« extrem ungünstige Voraussetzungen für einen Markteinstieg vorfinden, weil sie diese nicht verändern können: »Zentrale Positionen innehabende Firmen sind groß, und die Akteure in diesen Firmen kennen ihre wichtigsten Konkurrenten. Sie rahmen ihre Aktivitäten in Bezug auf die anderen großen Konkurrenten. Herausfordererfirmen sind kleiner und rahmen ihre Handlungen in Bezug auf die großen Firmen. Aber sie werden die Welt als eine vorgegebene erfahren – als eine, die außerhalb ihrer Kontrolle liegt« (ebd.: 663).

Bestehende Märkte tendieren nach Fligstein zu folgender Struktur: Eine überschaubare Anzahl definitionsmächtiger Trendsetter im Zentrum kontrolliert ihre Rahmenbedingungen und orientiert sich aneinander, um Nischen zu finden und einem direkten Wettbewerb zu entgehen (siehe auch Powell 2001: 51). Dem »Quasi-Oligopol« im Zentrum stehen »newcomer« gegenüber, die versuchen, in dieses Feld einzudringen, indem sie sich an bereits vorgegebene Rahmenbedingungen anzupassen versuchen. Durch Veränderungen des Marktes, wie sie sich insbesondere im Zusammenhang mit Globalisierungsprozessen – aber auch durch grundlegende Innovationen, wie sie aus technologischen Durchbrüchen resultieren können – beobachten lassen, spielt sich diese Struktur neu ein.

»Ein Markt ist ›globalisiert‹, sobald es eine kleine Anzahl an Teilnehmern gibt, die sich untereinander kennen und länderübergreifend mit gemeinsamen Kontrollkonzepten operieren« (ebd.). Dabei weist Fligstein mit explizitem Bezug auf DiMaggio/Powell (1983) darauf hin, dass seine »Sicht mit der Idee organisationaler Felder, der zufolge Märkte aus Firmen bestehen, die ihre Aktivitäten wechselseitig aneinander orientieren, grob übereinstimmt« (Fligstein 1996: 663).

Bei der Fallstudie von Lant/Baum (1995) geht es um eine Mikrofundierung von Marktstrukturen. Insofern knüpft diese Fallstudie, die auf die Hotelindustrie in Manhattan bezogen ist, an den wissenssoziologisch inspirierten Beitrag von Zucker (1977) an (vgl. Kap. II/2). D.h., dass die Frage, »[...] wie Gruppen von Firmen gemeinsame Überzeugungen, Strukturen, Praktiken und Beziehungsnetze entwickeln [...] [mit der Idee beantwortet wird, die Verf.], dass die Kognitionen und Interaktionen von Organisationsmitgliedern eine wichtige Ursache für Isomorphie sein können« (Lant/Baum 1995: 16).

Auch hier ist die Überlegung forschungsleitend, dass Konkurrenz die Wahrnehmung von Ähnlichkeit sowohl voraussetzt als auch vorantreibt. Bezogen auf ihre Fallstudie identifizieren sie drei Schlüsselvariablen, anhand derer die Manager der Unternehmen Ähnlichkeiten beurteilen: Größe, Preis und Standort. Schlüsselvariablen dieser Art bestimmen Lant und Baum zufolge die Zugehörigkeit zu sogenannten Wettbewerbs-Sets. Andere Angehörige des Sets, in dem man sich lokalisiert, werden demnach als unmittelbare Konkurrenten wahrgenommen und intensiv beobachtet. Sie dienen als Referenzgruppe. Als Folge der Beobachtung der anderen Angehörigen der Referenzgruppe werden sehr große strategische und strukturelle Angleichungsprozesse identifiziert, z.B. im Hinblick auf Qualitätsstandards und Service.

Das Hotelwesen Manhattans dient Lant und Baum als Illustration dafür, dass die Nachfrageseite, das sind die Kunden, mitunter nur wenig Informationen bereitstellt. Wenn überhaupt, reagieren Kunden auf Veränderungen im Preis-Leistungs-Verhältnis und im Serviceangebot viel zu träge, um damit wichtige Signale auszusenden. Das liegt im gegebenen Fall daran, dass für die Leistungsabnehmer der Markt außerordentlich intransparent ist. Es gibt vergleichsweise wenig Dauergäste, und den meisten erscheint es wenig sinnvoll, bei der Wahl eines Hotels lange und aufwendig auszuwählen. Für die Hotelbetreiber hingegen ist die Nachfrageseite zu heterogen: Touristen, Transitreisende, Messe- und Kongressbesucher, Geschäftsleute und andere nehmen Hotels relativ unabhängig vom Angebot in Anspruch – schließlich halten sich die wenigsten wegen der Übernachtungsmöglichkeiten in Manhattan auf. Unbeeinflussbare und weitgehend unbekannte Rahmenbedingungen, von denen Veränderungen der Währungskurse noch die einfachsten sind, können sich auf ganze Gruppen von Gästen ungleich gravierender auswirken als veränderte Preis-Leistungs-Verhältnisse einzelner Hotels oder auch ganzer Wettbewerbs-Sets. Das Beispiel des Hotelwesens ist zudem geeignet aufzuzeigen, dass auch die Aussagekraft einer klassischen Alternative zur Orientierung am faktischen Nachfrageverhalten, die Kundenbefragung, begrenzt ist. Zum einen sind nur wenige bereit, ausführliche Auskünfte zu geben; zum anderen ist es im Falle der Hotelgäste Manhattans außerordentlich schwierig, sich über Zielgruppen und Repräsentativität der Befragung Klarheit zu verschaffen. Die Orientierung an anderen Anbietern ist deshalb aus strategischen Gründen naheliegend. Sie dient als Vergewisserungsstrategie für Wettbewerbsverhalten in einer unsicheren und undurchschaubaren gesellschaftlichen Umwelt.

Mit Analysen zum wirtschaftlichen Wettbewerbsverhalten, so wie sie von Fligstein (1996) und Lant/Baum (1995) vorliegen, ist der Neo-Institutionalismus bis in den Kernbereich des Wirtschaftslebens vorgedrungen. Es geht nicht mehr darum, was Wirtschaftsorganisationen jenseits marktwirtschaftlicher Orientierungen berücksichtigen, sondern um eine institutionalistische Analyse realen Marktverhaltens. Hiermit wird eine Entwicklung fortgeführt, die zunächst mit der Herausarbeitung der Bedeutung legitimatorischer Faktoren auch für Wirtschaftsorganisationen beginnt, um dann darüber hinaus die gesellschaftliche Konstituierung unternehmerischer Kernaktivitäten, Ziele und Strategien herauszuarbeiten (vgl. Fligstein 1990).[23] Zunächst bleibt die Tiefenwirkung institutioneller Vorgaben auf der Grundlage der Annahme einer lediglich losen Kopplung in Frage gestellt, oder man zeigt, dass die Ausnahmen außerordentlich breit gestreut sind, in denen legitimatorische Faktoren größere Bedeutung erlangen (vgl. Meyer/Zucker 1989). Später werden Abstimmungsprozesse behandelt, die in klassischen mikroökonomischen Konzepten des wirtschaftlichen Wettbewerbs gar nicht vorgesehen sind. Insbesondere die Studie von Lant/Baum (1995) ist in diesem Zusammenhang bemerkenswert, bezieht sie sich doch auf ein Marktsegment, das aufgrund der Vielzahl der Nachfrager und Anbieter dem Idealtypus des Marktes recht nahe kommt, weil oligopol- oder gar monopolartige Elemente nicht vorhanden sind. Gerade unter solchen Bedingungen sind Wirtschaftsorganisationen offen für institutionelle Orientierungen – so das provokative Ergebnis ihrer Studie.

Zusammenfassend betrachtet wird deutlich, dass die Mitte bis Ende der 1980er Jahre einsetzende Hinwendung zur Analyse wirtschaftlicher Strukturen und Prozesse das Forschungsprogramm des Neo-Institutionalismus vervollständigt und Anschlussperspektiven eröffnet hat. So bezieht man sich nun mit Wirtschaftsorganisationen auf den für die Organisationsforschung zentralen Typus formaler Organisation (siehe z.B. DiMaggio

2001; Fligstein 2001). Das ist wichtig, weil organisationstheoretische Beiträge ihre Leistungsfähigkeit durch empirische Studien zur Wirtschaft unter Beweis stellen müssen, wenn sie nicht als bloße Spezialerklärungen für Bildungs- oder »non-profit«-Organisationen wahrgenommen werden wollen. Darüber hinaus leistet der Neo-Institutionalismus mit diesem Themenschwerpunkt einen wichtigen Beitrag zur neueren Wirtschaftssoziologie (vgl. Granovetter/Swedberg 1992; Smelser/Swedberg 1994; Guillén et al. 2002). In diesem Diskussionszusammenhang steht die gesellschaftliche Einbettung des Wirtschaftslebens, so wie sie im Neo-Institutionalismus herausgearbeitet wird, außer Frage.

Der Neo-Institutionalismus stellt aber nicht nur die gesellschaftliche Einbettung wirtschaftlicher Akteure und deren Interaktionen heraus, sondern erlaubt ebenso einen kritischen Blick auf aktuelle gesellschaftspolitische Diskussionen, in denen die Intensivierung des Wettbewerbs als das zentrale Instrument zur Lösung gesellschaftlicher Probleme erscheint. Neo-institutionalistische Untersuchungen verweisen auf die grundsätzliche Problematik der Verwendung zweckrationaler Strategien unter den für Wettbewerbssituationen typischen Bedingungen von Ungewissheit und Ambiguität. Es handelt sich um Bedingungen, die nahe legen, entweder auf bewährte und etablierte Muster zurückzugreifen oder Strategien besonders erfolgreicher und definitionsmächtiger Vorbilder nachzuahmen (vgl. Haveman 1993). Folgt man den Ergebnissen dieser Untersuchungen, so führen Wettbewerbssituationen nicht zwangsläufig zu verstärkter Innovationsbereitschaft und Reformfähigkeit. Folglich kann »mehr Wettbewerb« nicht automatisch Defizite in gesellschaftlichen Bereichen beheben, die als krisenhaft wahrgenommen werden.

Die in Kapitel III referierten empirischen Forschungsbeiträge basieren im Wesentlichen auf den theoretischen Vorgaben der ›Meilensteine‹ (Kap. II). Mit lediglich drei Aufsätzen war die theoretische Basis des soziologischen Neo-Institutionalismus insofern vergleichsweise dünn. Die Fülle der auf dieser Grundlage erzielten Forschungsergebnisse ist daher beachtlich; sie belegt, dass der soziologische Neo-Institutionalismus eher als effektive Forschungstechnologie denn als »grand narrative« in Erscheinung getreten ist. Zugleich haben diese Forschungsergebnisse wichtige Impulse für die Weiterentwicklung der Grundlagen des Ansatzes geliefert. Im Folgenden werden wir die bisherige theoretische Entwicklung des soziologischen Neo-Institutionalismus nachzeichnen und die damit verbundenen Perspektiven hervorheben.

Als eigenständiger Forschungsansatz ist der soziologische Neo-Institutionalismus erst Ende der 1980er, Anfang der 1990er Jahre in Erscheinung getreten. Dies geschah insbesondere mit Hilfe wichtiger Sammelwerke, die von Meyer und Scott (Meyer/Scott 1983; Scott/Meyer 1994a), Zucker (1988a) sowie Powell und DiMaggio (1991) herausgegeben worden sind. Zugleich wurden Überblicksartikel in wichtigen Fachjournalen (Scott 1987; Zucker 1987) und Handbüchern (Tolbert/Zucker 1996) veröffentlicht. Diesen Beiträgen ist die Anerkennung der drei ›Meilensteine‹ als Ausgangspunkt eines Ansatzes zu verdanken. Die Aufwertung zu Klassikern des Ansatzes ist insofern Resultat einer nachträglichen Bedeutungszuschreibung. Mit Ausnahme von Powell/DiMaggio (1991) fällt bei diesen Veröffentlichungen zweierlei auf: erstens die Beibehaltung der engen Anlehnung an die Organisationssoziologie im Kontext der interdisziplinären Organisationsforschung und zweitens der Verzicht auf eine explizit kritische Auseinandersetzung mit institutionalistischen Vorläufern in der Soziologie. Überwiegend ist der Ansatz als soziologischer Institutionalismus in der Organisationsforschung präsentiert worden (vgl. Scott 1987; Tolbert/Zucker 1996).

Mit der knappen Monographie von Scott (1995) sowie dem von Powell/DiMaggio (1991) herausgegebenen Band – und zwar insbesondere durch die Einleitung (DiMaggio/Powell 1991) und den

Beitrag von Ronald Jepperson (1991) – ist eine grundlegende Erweiterung des theoretischen Bezugsrahmens erfolgt. Dabei sind klassische und theoriegeschichtliche Bezugnahmen vorherrschend gewesen. So konnte verdeutlicht werden, dass der Neo-Institutionalismus durch die Weiterentwicklung und Auseinandersetzung mit der allgemeinen Soziologie an Konturen gewinnt. Für die Abgrenzung von utilitaristischen Konzepten bezog man sich dabei auf eine Theorietradition, die im Anschluss an Durkheim eine Regelorientierung sozialen Handelns betont hat. Gleichzeitig ging man zu sozialisatorischen Konzepten auf Distanz, die, insbesondere bei Parsons, evaluativen und normativen Handlungsorientierungen eine so große Integrationswirkung zuschreiben, dass die Reproduktion gesellschaftlicher Ordnung gänzlich unproblematisch erscheint (vgl. Scott 1995: 11ff.; Meyer et al. 1994: 12f.). Eine wichtige Grundlage für die Distanz zu Parsons boten die Arbeiten von Harold Garfinkel (1967) sowie von Peter L. Berger und Thomas Luckmann (1967), für die die gesellschaftliche Integration die Ausbildung und Nutzung nicht-bewusster Hintergrundüberzeugungen erfordert. DiMaggio und Powell betonen daher: »Nicht Werte und Normen, sondern nicht-hinterfragte ›scripts‹, Regeln und Klassifikationen sind der Stoff, aus dem Institutionen gemacht sind. [...] Neo-Institutionalisten tendieren zu einer Zurückweisung der Sozialisationstheorie mit ihrem affektiven ›heißen‹ Image der Identifikation und Norminternalisierung. Sie präferieren kühlere implizite Psychologien: kognitive Modelle, in denen Schemata und ›scripts‹ Entscheidungsträger anleiten« (1991: 15).

Diese »kognitive Wende« korrespondiert mit vergleichbaren Entwicklungen in der Organisationstheorie (Cyert/March 1963; March/Olsen 1976, 1989; Weick 1979), in der Psychologie (Schank/Abelson 1977) und in der Anthropologie (Geertz 1973; Douglas 1986; D'Andrade 1995). Ihre Berücksichtigung hat dazu geführt, Muster der Informationsverarbeitung und Bedeutungsgenerierung sowie Formen der Regulierung des Denkens und der Rationalität als Varianten der Verhaltensabstimmung anzuerkennen. Hiermit wurde das eigenständige Profil gegenüber dem klassischen Institutionalismus in der Soziologie begründet. So betonte Scott, dass Institutionen auf »drei Säulen« basieren: einer normativen, einer regulativen und einer kognitiven, wobei Letztere die Besonderheit im Vergleich mit dem klassischen Institutionalismus ausmacht (vgl. 1995: 38ff.).

Im Wesentlichen sind die theoretisch bedeutsamen Kennzeichen des soziologischen Neo-Institutionalismus bereits in den drei ›Meilensteinen‹ angelegt. An diese Charakteristika ist im späteren Verlauf angeknüpft worden, allerdings ohne die Theoriedynamik im Detail nachzuzeichnen. Im Folgenden werden wir deshalb Stand und Perspektiven der theoretischen Entwicklung eingehend diskutieren. Dabei werden drei Themenbereiche in den Vordergrund gerückt, die sich wechselseitig bedingen: erstens die Radikalisierung der Prozessperspektive, die sich aus der eingehenden Beschäftigung mit Fragen des institutionellen Wandels ergibt; zweitens die Betonung der aktiven Auseinandersetzung mit institutionellen Vorgaben, die aufgrund der Verdichtung des Institutionengefüges an Bedeutung gewinnt; und drittens die Zuspitzung der Auseinandersetzung um institutionelle Effekte, die darauf hinausläuft, soziale Akteure und deren Rationalität als Resultat gesellschaftlicher Konstruktionsprozesse aufzufassen.

1. Institutionalisierung und De-Institutionalisierung als Prozess

In einem allgemeinen Sinn ist es eine Gemeinsamkeit von Institutionen, dass sie übergreifende Erwartungszusammenhänge darstellen. Man kann bei diesen Erwartungen von Strukturen sprechen, weil es sich um Vorgaben handelt, die einzelnen Situationen übergeordnet sind. »Soziales Leben ist aufgrund geteilter Rollendefinitionen und Erwartungen vorhersehbar und geordnet« (Scott 1994: 66). Dabei lassen sich normative und kognitive Erwartungen voneinander unterscheiden. Beide Arten der Erwartung leiten soziales Handeln und strukturieren Situationen. Gesellschaftsmitglieder orientieren sich an normativen Vorgaben, und sie stimmen sich über kognitive Erwartungen ab. Nicht alles ist demzufolge gleichermaßen möglich; nicht alles ist gleichermaßen legitim und gleichermaßen wahrscheinlich.

Normative und kognitive Erwartungen, von denen man weiß, dass andere um sie wissen, regulieren das gesellschaftliche Miteinander auf grundlegende Weise. Weil Institutionen als übergreifende Erwartungszusammenhänge zu verstehen sind, tragen sie zur gesellschaftlichen Ordnungsbildung bei. Eine der Grundfragen der Soziologie: »Wie ist gesellschaftliche Ordnung möglich?«, lässt sich deshalb ohne Umschweife auf Institutionen übertragen. Die Frage lautet entsprechend: Wie ist der Prozess der Entstehung und Durchsetzung von Institutionen zu erklären?

Auf diese grundsätzliche Frage finden sich zwei unterschiedliche Antworten: Die eine betont die Wirkung von Interessen- und Machtfaktoren. Institutionen sind aus dieser Perspektive das Resultat absichtsvollen Handelns.[24] Dieses Erklärungsmuster findet sich nicht nur in soziologischen, sondern auch in ökonomischen Erklärungen. Der Prototyp dieser Form der Institutionalisierung ist der der Gesetzesverabschiedung. Ein zweites, ganz anderes Erklärungsmuster für die Entstehung von Institutionen besteht darin, in ihnen einen Prototyp des unreflektierten und mit der Zeit erwartungsgenerierenden Gebrauchs von Routinen, Sitten und Gebräuchen zu sehen. So verstanden, spielen sich Institutionen von selbst ein. Bestimmte Verhaltensweisen und aufeinander bezogene Handlungsketten wiederholen und verselbständigen sich im Laufe ihrer Anwendung. In der allgemeinen Soziologie geht diese Erklärung insbesondere auf Berger/Luckmann (1967) zurück, denen zufolge der Aufbau gesellschaftlicher Vorgaben nicht primär auf Entscheidungen basiert, sondern auf der Gewöhnung an routinierte und habitualisierte Verhaltensweisen (vgl. ebd.: 56ff.).

Der soziologische Neo-Institutionalismus misst Prozessen der Institutionalisierung große Bedeutung bei. Für die Frage der Entstehung von Institutionen werden insgesamt beide Erklärungen herangezogen.[25] Allerdings beschränkt sich der Ansatz nicht darauf, eine Antwort auf die Grundsatzfrage nach der Entstehung gesellschaftlicher Ordnung anzubieten. Wichtiger als die Erklärung der Transformation von einem nicht-institutionalisierten in einen institutionalisierten Zustand ist die Frage nach der institutionellen (Weiter-)Entwicklung. Es geht in zahlreichen Fallstudien also nicht um die Einführung neuer Gesetze, Richtlinien, Qualitätsstandards etc. in Bereichen, die zuvor nicht von Formen der Vergesellschaftung berührt waren, sondern es geht um die Frage, wie sich solche Entwicklungen vor dem Hintergrund bereits bestehender anderer Gesetze, Richtlinien, Qualitätsstandards etc. auswirken (vgl. auch Walgenbach 2000). Thema ist, mit anderen Worten, institutioneller Wandel.

Jepperson (1991: 152f.) organisiert die Agenda institutionellen Wandels, indem er zusätzlich zu der Frage nach der Entstehung und Durchsetzung neuer Institutionen noch drei weitere Themenkomplexe aufführt: institutionelle Entwicklung (Wandel einer bestimmten Institution), Re-Institutionalisierung (Ersetzung oder Ergänzung bestehender Vorgaben durch neue) und die damit einhergehende De-Institutionalisierung (Abbau gesellschaftlicher Vorgaben). Von den genannten Themenkomplexen institutionellen Wandels ist der der De-Institutionalisierung am interessantesten, weil er im klassischen Institutionalismus nicht vorgesehen war oder lediglich als Krisenphänomen in Erwägung gezogen wurde (vgl. Hasse 1996: 180). Im Rahmen des soziologischen Neo-Institutionalismus ist dieses Phänomen relativ früh »entdramatisiert« worden und hat zu bemerkenswerten Einsichten in Prozesse sozialen Wandels geführt (vgl. Zucker 1977). So betont Zucker in einem späteren Beitrag (1988b), dass Sozialsystemen generell entropische Tendenzen zu attestieren sind, so dass nicht Wandel, sondern Stabilität gesellschaftlicher Ordnung das erklärungsbedürftige Phänomen darstellt. Im Anschluss hieran und mit konkretem Bezug auf Organisationen liefert Oliver (1992: 584) eine Zusammenstellung von Faktoren, von denen De-Institutionalisierungseffekte ausgehen.

Die Prozessperspektive, die im soziologischen Neo-Institutionalismus angelegt ist, wurde allerdings erst seit den 1990er Jahren zu einem eigenständigen und umfassenden Schwerpunkt. So schreibt Scott in der zweiten Auflage von »Institutions and Organizations«: »Erst im letzten Jahrzehnt haben Theoretiker und Forscher begonnen, Argumente und Situationen hinsichtlich des institutionellen Wandels zu untersuchen, in denen es um die De-Institutionalisierung existierender Formen und ihre Ersetzung durch neue Arrangements geht, die im Zeitverlauf institutionalisiert werden« (2001: 181). Diese Perspektive bezieht sich keinesfalls lediglich auf die imaginäre Transformation eines gesell-schaftsfreien Naturzustandes in einen der sozialen Erwartungs-abstimmung. Vielmehr wird herausgearbeitet, dass eine dynami-sche Gemengelage institutioneller Vorgaben der Reproduktion einzelner Institutionen entgegenstehen kann. De-Institutionali-sierungen schaffen demnach Freiräume, deren Ausfüllung in ei-nem oftmals konflikthaften Prozess zwischen unterschiedlichen institutionellen Vorgaben sich vollzieht. Auch De-Institutionali-sierungen sind deshalb in umfassenden Formen der Vergesell-schaftung begründet (siehe auch Hasse 2003b: 142ff.). Was diese Vergesellschaftungen für die darin eingebetteten Akteure und Einrichtungen bedeuten, wird im folgenden Abschnitt behandelt.

2. Die aktive Verarbeitung institutioneller Vorgaben

Nach neo-institutionalistischer Auffassung stellen Institutionen Erwartungszusammenhänge dar, die Verhaltensweisen sowohl begrenzen als auch ermöglichen (vgl. Scott 1995: 38f.). Dabei ist wichtig, dass die Erwartungen, die an Organisationen und andere soziale Akteure adressiert werden, wahrgenommen und verarbei-tet werden müssen. Das Spektrum der Art, wie institutionalisierte Erwartungszusammenhänge wahrgenommen und verarbeitet werden, kann von der nicht-bewussten und quasi-reflexartigen In-terpretation bis hin zur bewussten Auseinandersetzung mit die-sen Vorgaben reichen. In jedem Fall gibt der objektive Sachver-halt eines Erwartungszusammenhangs nicht automatisch Auf-schluss darüber, inwiefern dieser Vorgabe tatsächlich entspro-chen wird. Es ist deshalb wichtig zu betonen, dass die Reaktionen nicht durch die Institutionen determiniert sind, auf die sie bezo-gen sind. Insbesondere besteht die Möglichkeit, gegenüber ein-zelnen Vorgaben auf Distanz zu gehen. Sowohl für die Reproduk-tion als auch für die Struktur- und Handlungseffekte institutiona-lisierter Vorgaben ist es deshalb eine zentrale Frage, vor welchem Hintergrund, d.h. nach Maßgabe welcher Orientierungen, über den Umgang mit einzelnen Vorgaben entschieden wird.

Die Möglichkeit der Distanzierung gegenüber einzelnen insti-tutionellen Vorgaben eröffnet Freiheitsgrade. Dieser neo-institu-

tionalistische Grundgedanke ist bereits in dem klassischen Beitrag von Meyer/Rowan (1977) angelegt. Die Autoren betonen,
dass Organisationen institutionelle Vorgaben lediglich symbolisch befolgen; sie wirken sich kaum auf die Kernaktivitäten aus
und sind mit diesen nur lose gekoppelt (vgl. Kap. II/1). Dieser Befund ist zuweilen so interpretiert worden, als erfolge die Bezugnahme auf institutionelle Vorgaben entlang einer primär strategischen Orientierung. Institutionen rücken nach dieser Interpretation in die Nähe einer Technologie der Ressourcenakquisition.
Sie schränken weniger ein, als dass sie Möglichkeiten eröffnen,
sie lassen sich instrumentell in Szene setzen, um Legitimität zu
erzielen, sie werden nur pro forma befolgt (vgl. Türk 1997: 132).

Die Betonung einer lediglich losen Kopplung zwischen institutionalisierter Vorgabe und ihren Struktur- und Handlungseffek-
ten relativiert die Bindungswirkung einer derartigen Vorgabe.
Diese Relativierung muss jedoch nicht notwendigerweise damit
begründet werden, dass Akteurinteressen einer festeren Kopplung im Wege stehen. Sie kann ebenfalls darin begründet sein,
dass vielfältige und sich teilweise widersprechende Erwartungszusammenhänge – seien diese nun im Inneren einer Einrichtung
fest verankert oder von außen an die Einrichtung herangetragen –
gar nicht gleichzeitig und gleichermaßen in die Aktivitätsstruktur
übersetzt werden können (vgl. Zucker 1988a).[26] Die Gesamtheit
institutionalisierter Erwartungszusammenhänge vor Augen, ist
die Annahme strategisch orientierter Akteure und ihrer Interessen folglich nicht die einzige Lesart, mit der sich die Frage des
Umgangs mit einzelnen institutionellen Faktoren beantworten
lässt. Einzelne institutionelle Vorgaben können ebenso mit anderen institutionellen Vorgaben nicht in Einklang zu bringen sein,
und in diesen Fällen läuft man mit der vorbehaltlosen Befolgung
einzelner Vorgaben Gefahr, gegen andere Vorgaben zu versto-
ßen.[27]

Brunsson (1989, vgl. auch Kap. III/1.1, S. 37f.) beleuchtet diesen Problemkomplex am Beispiel politischer Organisationen. Die
Tendenz moderner Gesellschaften, Kompetenz und Verantwort-
lichkeit der Politik besonders hoch zu veranschlagen, führe dazu,
dass politische Akteure und Einrichtungen mit einer Fülle sich
teilweise widersprechender Erwartungen konfrontiert würden.

Ihnen könnten sie sich einerseits aus Gründen der Legitimität schwer entziehen, andererseits sei es unmöglich, alle Erwartungen gleichermaßen zu berücksichtigen. Die lediglich symbolische Befolgung institutioneller Vorgaben oder gar ihre Nicht-Berücksichtigung sind folglich nicht unbedingt deshalb zu erwarten, weil diese Vorgaben der Verfolgung von Akteurinteressen entgegenstehen. Beispiele hierfür gibt es nicht nur im Bereich politischer Organisationen. Auch bei Wirtschaftsunternehmen lässt sich die Problematik des Umgangs mit institutionellen Vorgaben nicht auf die Formel »institutionelle Beschränkung versus Selbstinteresse« reduzieren. Widersprüchliche Erwartungsstrukturen zeigen sich bereits an einfachen Beispielen, etwa, wenn von Wirtschaftsunternehmen Umweltschutzmaßnahmen eingefordert werden, die mit der Gewinnorientierung nicht in Einklang zu bringen sind. Die Gewinnorientierung von Unternehmen stellt eine hochgradig institutionalisierte Erwartungsstruktur dar. Der Versuch einer Ausrichtung der unternehmerischen Kernaktivitäten auf die Maximierung des Umweltschutzes würde hiermit kollidieren, wenn z.B. Aktieninhabern keine Dividende in Aussicht gestellt würde, Mitarbeiter um ihre Beschäftigungsperspektive fürchten müssten und von Managern erwartet würde, die gewohnten Erfolgskriterien zu opfern und durch andere zu ersetzen.

Den genannten Beispielen aus politischen und Wirtschaftsorganisationen ließen sich weitere hinzufügen. Auf der Ebene formaler Organisationen sind es insbesondere Multifunktionseinrichtungen wie Universitäten oder Krankenhäuser, die Erfahrungen im Umgang mit der Gleichzeitigkeit nicht aufeinander abgestimmter Umwelterwartungen haben. So sehen sich Universitäten gerade heutzutage einer Vielzahl heterogener und potenziell widersprüchlicher Umwelterwartungen ausgesetzt. Dabei sind nicht nur altbekannte Spannungen zwischen ihren beiden Kernaufgaben, Forschung und Lehre, zu bewältigen, sondern auch neu hinzukommende Aufgaben wie z.B. Profilbildung, Qualitätsmanagement, Herstellung von Geschlechtergleichheit und Technologietransfer. Am Beispiel der Errichtung von Technologietransferstellen an deutschen Universitäten konnten die begrenzten Effekte neuartiger Erwartungen, die ebenso den tradi-

tionellen Erwartungen an Universitäten wie ihren hierauf basierenden Identitätskonzepten widersprechen, aufgezeigt werden
(Krücken 2003). Die vor allem in der politischen Umwelt formulierte Vorgabe, über den Technologietransfer einen direkten Beitrag zum wirtschaftlichen Strukturwandel zu leisten, wurde von
den Universitäten nicht in weitreichenden Organisationswandel
umgesetzt, sondern vielmehr in bestehende Strukturen einge-
passt.

Auch auf der über die Organisationsebene hinausreichenden
Ebene nationalstaatlicher Politik muss potenziell Widersprüchli-
ches bewältigt werden. So gibt es die Gleichzeitigkeit innenpoliti-
scher Erwartungen und transnationaler Einbindungen; zudem
sind auch die Erwartungsstrukturen der »world polity« (vgl. Kap.
III/1.2) selbst heterogen, die sowohl Menschenrechte und Umweltschutz als auch technischen Fortschritt und die Intensivierung wirtschaftlicher Beziehungen einfordert (vgl. Boli/Thomas
1997, 1999). So untersucht Hasse (2003a) am Beispiel staatlicher
Wohlfahrtspolitik die Stärkung von Rationalisierungsidealen und
die Suche nach Möglichkeiten der Kostenreduzierung in einem
Bereich, der klassischerweise durch Rechtsansprüche und
Gleichheitsideale gekennzeichnet ist. Die seit Ende der 1970er
Jahre zu beobachtende Neuausrichtung der Wohlfahrtspolitik
wird dabei als einzelnen Staaten übergeordnetes Projekt beschrieben, deren Leitprinzipien vornehmlich über internationale
Organisationen vermittelt werden. Zugleich werden die klassischen Ansprüche und Ideale nicht aufgegeben. Die Folge hiervon
ist eine unauflösbare Ambivalenz: Einerseits Effizienzstreben und
Reduzierung von Staatsaufgaben, andererseits ein verstärktes Engagement in einzelnen wohlfahrtspolitischen Feldern (wie z.B.
gesundheitliche Aufklärung und vor allem Bildung). Beide Seiten
lassen sich gleichermaßen aus den Erwartungsstrukturen der
»world polity« ableiten.

Dieser Befund lässt sich weiter generalisieren und sozialtheo-
retisch reformulieren. Demnach besteht für soziale Akteure generell die Notwendigkeit, institutionelle Vorgaben aktiv zu verarbei-
ten. Diese Notwendigkeit wurde bereits im Rahmen der soziologischen Rollentheorie thematisiert (Merton 1976), und sie wird
später als zentrales Kennzeichen der Moderne identifiziert (Bau-

man 1992). Im Zuge der gesellschaftlichen Entwicklung schreitet die Auflösung eindeutiger und homogener Erwartungsstrukturen voran. Hieraus leitet sich ein neuartiger Umgang mit gesellschaftlichen Institutionen ab. Diese Entwicklung wird sowohl in Beiträgen zur reflexiven Modernisierung (Beck et al. 1994) als auch im Neo-Institutionalismus reflektiert. An die Stelle einer Punkt-zu-Punkt-Entsprechung von institutioneller Vorgabe und Handlung treten Uneindeutigkeiten, Ambivalenzen und Widersprüche. Vor allem Friedland/Alford (1991) sind hier hervorzuheben. Für sie stellt die potentielle und faktische Widersprüchlichkeit institutioneller Vorgaben das zentrale Charakteristikum der modernen Gesellschaft dar. Dabei betonen sie ebenso wie Brunsson (1989), dass sich aus der Unvereinbarkeit widersprüchlicher Erwartungen die Möglichkeit ergibt, gegenüber einzelnen Vorgaben auf Distanz zu gehen. Eine vorbehaltlose Befolgung einzelner Erwartungen ist in all den genannten Fällen nicht nur nicht erforderlich, sondern sie ist zuweilen gar nicht möglich. Das Schema von Norm und Abweichung mag deshalb wünschenswert sein oder auch nicht, es lässt sich nicht realisieren, wenn dem die Vielfalt widersprüchlicher Erwartungszusammenhänge entgegensteht. Es ist somit dieses institutionelle Dickicht, das es gleichermaßen ermöglicht und erfordert, gegenüber einzelnen Vorgaben auf Distanz zu gehen und sie vor dem Hintergrund anderer Erwartungen abzuarbeiten.

3. RATIONALE AKTEURE ALS KONSTRUKTION – KONSTITUTIVE EFFEKTE

Wenn man institutionelle Effekte als alles durchdringende Form der Vergesellschaftung verabsolutiert, werden unweigerlich Kritiker auf den Plan gerufen, die eine Vernachlässigung der Handlungsmöglichkeiten von Akteuren und ihnen zugrunde liegenden Interessen beklagen. Diese Kritik wird einerseits von außen an den soziologischen Neo-Institutionalismus herangetragen (Perrow 1985; Stinchcombe 1997), andererseits findet man sie auch bei Vertretern dieses Ansatzes selbst (Dobbin 1994a; DiMaggio 1988). Hierbei wird betont, dass interessengeleitete Akteure in der Lage sind, institutionelle Vorgaben entlang strategischer Orientierungen zu nutzen. Institutionen haben diesem Verständnis zufolge Instrumentencharakter; sie stellen gemäß der Metapher von Ann Swidler (1986) einen »Werkzeugkasten« dar, mit dem rational agierende Akteure ihre Ziele realisieren können.

Nach Jepperson/Swidler (1994) gilt dies aber nur für einige Vorgaben. Den eher instrumentellen Vorgaben stellen sie sog. konstitutive Formen der Vergesellschaftung gegenüber. Akteure und deren Strategien werden durch konstitutive Faktoren nicht nur grundlegend beeinflusst. Vielmehr erscheinen die Akteure und deren Strategien selbst als institutionelle Effekte (vgl. Scott/ Meyer 1994a: 5). Es sind dann nicht Akteure, die Gesellschaft konstituieren, sondern umgekehrt, die moderne Gesellschaft konstituiert den Akteur, der vorgegebene »scripts« umsetzt, indem er sich der vorherrschenden Form der Rationalität unterwirft.

Auf diese tiefgreifende Form gesellschaftlicher Konstruktion sind einige Beiträge insbesondere aus dem Umfeld John W. Meyers bezogen, die den Fokus des soziologischen Neo-Institutionalismus erweitern. So betont Dobbin im Hinblick auf den soziologischen Neo-Institutionalismus: »Der neue kulturelle Ansatz [zur Analyse, die Verf.] von Organisationen [...] ist eingebettet in ein größeres intellektuelles Projekt, das bestrebt ist, die Entstehung einer großen Bandbreite von modernen Institutionen soziologisch zu erklären« (1994a: 123).

Man kann in diesem Zusammenhang von der gesellschaftlichen Konstitution rationaler Akteure sprechen. Neo-Institutionalisten erachten »die ›Existenz‹ und Charakteristika von Akteuren als sozial konstruiert und hoch problematisch und Handlung eher als das ›enactment‹ breiter institutioneller ›scripts‹ denn als eine Angelegenheit intern generierter und autonomer Wahl, Motivation und Absicht« (Meyer et al. 1994: 10).

Im Falle formaler Organisationen ist die gesellschaftlich-historische Konstitution des rationalen Akteurs sozialgeschichtlich nachgewiesen worden. So weisen Scott (1994: 62) und Dobbin (1994a: 134) unter besonderer Berücksichtigung der Arbeiten von James Coleman (1990) darauf hin, dass Organisationen ein Produkt von Modernisierungsprozessen seien. Zu anderen Zeiten und in anderen Kulturen sind sie nicht als Akteure in Erscheinung getreten. Insofern gelte es als eine historisch bedingte Erfindung, Organisationen als Akteure zu erachten und ihnen Strategiefähigkeit zuzuschreiben.

Durchaus Vergleichbares wird über den Staat als Handlungsentität behauptet. Auch der Staat gilt als eine Erfindung. Seine vergleichsweise homogene Weiterentwicklung ist Meyer et al. (1997b) zufolge der »world polity« zu verdanken, aus der sich institutionelle Erwartungen an den modernen Staat ableiten lassen (McNeely 1995). Durch eine Vielzahl institutioneller Erwartungen (z.B. im Hinblick auf das Rechtssystem, auf das Bildungswesen, den technologischen und wirtschaftlichen Fortschritt, Umweltschutz und Bürgerrechte) wird dieser als zentraler Akteur im internationalen System konstituiert. Als Absender dieser Erwartungen sind dabei sowohl staatenübergeordnete transnationale Organisationen (Boli/Thomas 1997) als auch nationalstaatliche Instanzen (Interessenverbände, »grass-roots«-Bewegungen etc.) zu berücksichtigen. Die Orientierung an den Vorgaben dieser Einrichtungen bietet den Staaten Legitimationsmöglichkeiten und führt dazu, dass sich Konzeptionen über das, was einen modernen Staat ausmacht, global durchsetzen. Diesem Prozess der Standardisierung, so das Argument der »world-polity«-Forscher, liegt dabei keine strategische Orientierung im Hinblick auf konkrete Zielsetzungen und Präferenzen zugrunde. Vielmehr geht es darum, als moderner Staat Anerkennung zu finden und zu demonstrieren, dass man dem hierfür maßgeblichen Wertekanon verpflichtet ist. »Die Sozialpsychologie, die hier wirkt [...], hebt dramaturgische und symbolische Prozesse anstelle hart gekochter Kalkulation von Interessen, die seitens rationalistischer akteurzentrierter Ansätze angenommen werden, hervor« (Meyer et al. 1997b: 8).

Die Behauptung, dass Organisationen und Staaten moderne Erfindungen darstellen, denen zu anderen Zeiten andere kollektive Entitäten wie beispielsweise Horden, Sippen, Stände oder Klassen entsprochen haben, ist in den Sozialwissenschaften weitgehend unumstritten. Neo-Institutionalisten radikalisieren ihre Perspektive jedoch auf dramatische Weise, indem sie behaupten, dass auch Individuen nicht generell – d.h. unabhängig von konstituierenden gesellschaftlichen Vorgaben – als rationale Akteure in Erscheinung treten. Damit widersprechen sie jenen sozialwissenschaftlichen Ansätzen, die behaupten, dass es Individuen im oben genannten Sinne ebenso lange wie jede Form menschlicher Gesellschaft gibt. Individualisierungsprozesse werden als Modernisierungsphänomen herausgearbeitet. Erst gesellschaftliche Modernisierung schafft die Voraussetzungen dafür, dem Individuum als Handlungsträger einen Akteurstatus zuzuschreiben. Mit Bezug auf Weber betonen sie: »Das Individuum ist ein institutioneller Mythos, der aus rationalisierten Theorien ökonomischen, politischen und kulturellen Handelns entsteht« (Meyer et al. 1994: 21).[28] Auf diesen grundlegenden Überlegungen aufbauend, wird in einem neueren Beitrag von David Frank und John Meyer (2002) die Konstitution individueller Identitäten explizit zum Thema gemacht. Die Autoren sprechen hier von einer seit wenigen Jahrzehnten stattfindenden »Identitätsexplosion«, die das Ergebnis der Entfaltung der Kultur der Moderne ist. Durch breite kulturelle Prozesse werden vormals im Rahmen gesellschaftlicher Normalitätsunterstellungen als unhinterfragt angenommene Identitäten reflexiv aufgelöst. Für Frank und Meyer stehen vor allem sexuelle und geschlechtliche Identitäten paradigmatisch für diesen Prozess.

Was zeichnet nun moderne Akteure – Organisationen, Staaten, Individuen – aus?

Erstens ist es ein Kennzeichen der modernen Akteure, dass die Handlungsorientierungen, denen sie sich verpflichten, keinesfalls beliebig sind. Vielmehr sind moderne Akteure zu einer Transformation unmittelbarer Bedürfnisse und Leidenschaften in stabile und für andere nachvollziehbare Interessen verpflichtet (vgl. Meyer et al. 1994). Diese Transformation von der Gier zur Nutzenmaximierung stellt einen Rationalisierungsschub dar, dem, historisch betrachtet, eine beachtliche Disziplinierungswirkung entspricht (vgl. Elias 1969; Hirschman 1977). Sie führt mit anderen Worten zur Affekt- und Selbstkontrolle der Handelnden (vgl. Dobbin 1994a: 134).

Zweitens sind Organisationen, Staaten und Individuen keinesfalls autonome Herrscher über ihre eigenen Interessen. So sind Akteure von einer Vielzahl professioneller und nicht-professioneller Berater beeinflusst, die das Akteurhandeln auf legitime Interessen auszurichten versuchen. Im Falle von Staaten sind es wissenschaftliche Experten, transnationale Institutionen, Bürgerrechtsvertreter und zahlreiche andere, die in diesem Sinne intervenieren (vgl. Meyer et al. 1997b). Im Fall von Organisationen gibt es von der Unternehmensberatung bis hin zur Managerausbildung Einflüsse, die auf eine Steigerung organisatorischer Rationalität abzielen (vgl. Meyer 1992). Ähnliches lässt sich für Individuen behaupten: Hier sind es Therapeuten, Workshops, Ratgeber in Form von Büchern und Zeitschriften, die die Rationalität des individuellen Akteurs hochleben lassen und diesen in allen Lebenslagen zur Selbstverwirklichung und zur rationalen Interessenverfolgung anhalten (vgl. Meyer et al. 1994).

Drittens ist das Handeln moderner Akteure nicht ausschließlich auf die Verfolgung dieser Interessen ausgerichtet (vgl. Meyer/Jepperson 2000). Neben der Erwartung der rationalen Interessenverfolgung ist auch die Erwartung, zum Wohle anderer beizutragen, gesellschaftlich institutionalisiert und konstituiert den modernen Akteur. Individuen, Staaten und die meisten Organisationen treten in diesem Sinn als Agenten für andere Akteure in Erscheinung. Sie richten ihr Handeln nicht ausschließlich auf die Maximierung ihres Nutzens, sondern fungieren als »generalisierte Andere«, beratschlagen und geben ihre Sicht der Dinge weiter. Moderne Akteure sind aus dieser Perspektive sowohl Agenten eigener Interessen als auch Agenten anderer Akteure. In diesem Zusammenhang ist darüber hinaus zu berücksichtigen, dass moderne Akteure zugleich als Agenten für nicht-gesellschaftliche Entitäten und für abstrakte Prinzipien auftreten können. So setzt man sich etwa für den Schutz der biologisch-physikalischen Umwelt, für die Menschenrechte oder für den wissenschaftlich-technischen Fortschritt ein, ohne diesen Einsatz aus eigenen Interessen und Nutzenkalkülen herzuleiten.

Zusammenfassend betrachtet, verdankt sich aus neo-institutionalistischer Sicht die Konstituierung von Staaten, Organisationen und Individuen als rationalen Akteuren gesellschaftlichen Modernisierungsprozessen. Den Akteuren wird Legitimität zugesprochen, wenn sie die zuvor genannten Charakteristika – affektkontrollierte Nutzenmaximierung, Offenheit gegenüber beratenden Instanzen, Fokussierung überindividueller Interessen – aufweisen. Mit der Zentralstellung institutioneller Erwartungen werden im Neo-Institutionalismus übergeordnete gesellschaftliche Bezüge als Instanzen der Strukturierung rationaler Akteure hervorgehoben. Diese Vorgehensweise erlaubt es, zwei grundlegende Fragen zu beantworten: Wie erklärt sich das hohe Maß an Standardisierung im Hinblick auf Ziele und Präferenzen, die das Handeln rationaler Akteure anleiten? Wie erklärt sich die hohe Bereitschaft, als Agenten für andere Akteure und übergeordnete Zielsetzungen aufzutreten und in diesem Zusammenhang kollektive Handlungsfähigkeit zu generieren? Diese Fragen bereiten umgekehrt ansetzenden Theorien, die Akteure und deren Rationalität zentral stellen und gesellschaftliche Strukturen hieraus abzuleiten versuchen, weiterhin große Probleme.

Eine wesentliche Antriebskraft für die sozialtheoretische Entwicklung des Neo-Institutionalismus ist die Auseinandersetzung mit Forschungsansätzen gewesen, die stark vom Gedankengut der Theorien rationaler Wahl (»rational choice«) inspiriert sind und bei denen rationale Akteure den Startpunkt der Analyse bilden. In Ergänzung hierzu und ohne dezidiert auf theoriegeschichtliche Vorläufer einzugehen, werden wir im Folgenden bislang noch unausgeschöpfte Bezugsmöglichkeiten auf soziologische Theorien aufzeigen, die nicht von Akteuren und deren rationale Strategien, sondern von übergeordneten Strukturen und sozialen Beziehungen ausgehen.[29] Drei Theoriestränge erscheinen uns in diesem Zusammenhang bedeutsam: Soziologische Netzwerkansätze, so wie sie insbesondere mit den Namen Mark Granovetter und Harrison White verbunden sind; Theorien der Strukturierung, so wie sie von Anthony Giddens und Pierre Bourdieu (1930-2002) vertreten werden; sowie die Systemtheorie Niklas Luhmanns (1927-1998), die allerdings bislang im Neo-Institutionalismus, wie in der US-amerikanischen Soziologie generell, kaum rezipiert worden ist.

1. Soziologische Netzwerkansätze

»Netzwerk« ist seit den 1990er Jahren zweifellos ein Modebegriff – sowohl im gesellschaftlichen als auch im innerwissenschaftlichen Diskurs (Krücken/Meier 2003). Ein erster Grund hierfür ist in der informationstechnischen Entwicklung zu sehen. Zweitens werden auch Tendenzen einer sozialen Vernetzung erörtert, die sich auf neuartige Formen der Sozialorganisation beziehen und die vertrauensvolle Zusammenarbeit zwischen verschiedenen Kooperationspartnern beinhalten. Nicht nur im Wirtschaftsleben, sondern auch für wissenschaftliche und politische Zusammenhänge verspricht man sich von dieser Form der Sozialorganisation verbesserte Abstimmungsmöglichkeiten.[30] Neben diesen beiden Strängen der Netzwerkdiskussion gibt es noch einen drit-

ten Strang, in welchem »Netzwerk« den Status eines theoretischen und methodischen Grundbegriffs hat.

Die folgende Auseinandersetzung mit Beiträgen zur Netzwerksoziologie wird auf Forschungsbeiträge konzentriert, bei denen Netzwerke entweder als neuartige Form der Sozialorganisation oder als theoretisch-methodischer Grundbegriff erörtert werden. Auf den Bereich neuer elektronischer Kommunikations-
technologien wird also nicht weiter eingegangen (vgl. aber Hasse/
Wehner 1997); er ist für eine theoretische Auseinandersetzung
mit dem soziologischen Neo-Institutionalismus peripher. Für einen Vergleich von Beiträgen zur Netzwerkdiskussion mit dem
soziologischen Neo-Institutionalismus bestehen unmittelbare Anknüpfungspunkte, da sich mit Meyer (Strang/Meyer 1993), Powell (1990; Powell/Smith-Doerr 1994; Powell et al. 2005) und
DiMaggio (DiMaggio/Louch 1998) drei wichtige Vertreter des
Neo-Institutionalismus direkt auf die Netzwerkdiskussion beziehen.

1.1 Jenseits von Märkten und Organisationen – Netzwerkstrukturen im Wirtschaftsleben

Die Diskussion um Netzwerke als ein neuartiges Strukturphä-
nomen ist angeregt durch empirische Prozesse strukturellen
Wandels im Wirtschaftsleben. Die Herausbildung und Aufrechterhaltung von zwischenbetrieblichen Netzwerkstrukturen scheint
aus einer Reihe von Rahmenbedingungen geboten, denen sich
die Beteiligten zunehmend weniger entziehen können. Hierzu
zählen die Globalisierung von Märkten, die Verdichtung des
Wettbewerbs, Notwendigkeiten der Kooperation und des Informa-
tionsaustauschs sowie die Suche nach flexiblen Organisations-
formen. Die Herausbildung und Aufrechterhaltung von sozialen
Netzwerken steht insofern in engem Zusammenhang mit anderen neuartigen Produktionskonzepten wie »lean management«,
»outsourcing« und »just in time«-Produktion (Harmon 1993;
Womack et al. 1991). Aus Sicht der Industrie- und Wirtschaftsforschung stellen Netzwerke eine Alternative sowohl zu marktver-
mittelten als auch zu organisationsinternen Kooperationsformen

dar; sie gelten als Hybridform dieser beiden Idealtypen, von deren Inanspruchnahme zunehmend Vorteile im Hinblick auf Effizienz und Sicherheit zu erwarten sind (Sydow 1992; Jarillo 1993). Es handelt sich dieser Lesart zufolge um relative Vorteile, die sich aus dem Vergleich von Netzwerkstrukturen mit den beiden klassischen Alternativen der Koordinierung wirtschaftlichen Handelns herausarbeiten lassen. Netzwerke sind demnach Marktlösungen und Organisationslösungen gleichermaßen überlegen; sie versprechen den Beteiligten Wettbewerbsvorteile und der Gesellschaft maximale Wohlfahrt.

Gegen diese ökonomische Zuspitzung der Netzwerkdiskussion gibt es aus neo-institutionalistischer Perspektive grundlegende Einwände. Insbesondere die Arbeiten von Powell (1990; Powell/Smith-Doerr 1994; Powell et al. 2005) sind hier hervorzuheben, und zwar in zweierlei Hinsicht: Erstens rückt Powell institutionell begründete Orientierungen, die die Auswahl und Nutzung bestimmter Kooperationsformen begründen, ins Zentrum der Aufmerksamkeit. Zweitens sind Netzwerke für ihn keine Mischform zwischen den Idealtypen Markt und Organisation, sondern stellen einen eigenständigen Idealtypus dar. Beide genannten Aspekte werden im Folgenden kurz erläutert.

Wenn man der These folgt, dass institutionell begründete Orientierungen handlungsprägend sind, so gilt dies auch für das Wirtschaftsleben. Demnach ist die Wirtschaft, ebenso wie andere soziale Zusammenhänge, anfällig für Regelorientierungen, Moden und Prozesse der Nachahmung. Mit den gleichen Argumenten, mit denen die Vorherrschaft rational nicht begründbarer Formen der Organisation im Wirtschaftsleben erklärt wird, lassen sich demnach auch netzwerkartige Kooperationsformen »entzaubern«.

Powell stellt nachdrücklich in Frage, ob es ausreicht, analytisch lediglich zwischen den beiden Kooperationsformen Markt und Organisation zu unterscheiden. Ihm geht es darum, Netzwerke als eigenständigen Strukturtyp aufzuwerten (Mahnkopf 1994). Netzwerke gelten aus dieser Perspektive nicht als Kombination von Markt- und Organisationsprinzipien. Stattdessen bezeichnen sie einen Typus sozialer Beziehung, der sowohl im Gegensatz zu Märkten als auch im Gegensatz zu Organisationen nur geringe formale Regelungen und kaum (arbeits- oder kauf-)vertragliche Grundlagen aufweist.

Betrachtet man in Anlehnung an den Neo-Institutionalismus Netzwerke als Strukturvariante, dann sind hiermit keine neuartigen Phänomene angesprochen. Im Gegenteil: Mit Bezug auf Forschungstraditionen in der allgemeinen Soziologie lässt sich vielmehr umgekehrt die Herausbildung von Marktbeziehungen und formalen Organisationen aus sozialen Verflechtungen – also: Netzwerkstrukturen – als zentrales Merkmal der gesellschaftlichen Modernisierung beschreiben. Dieser Herausbildungsprozess war eines der zentralen Themen Webers (1972), er stellte die Kernthese Karl Polanyis dar (Polanyi 1978), und seine Analyse wird bei Giddens (1990) fortgeführt. Im Rahmen des soziologischen Neo-Institutionalismus knüpft man also an eine Vielzahl theoretischer Vorläufer an, wenn man die Bedeutung der Einbettung in soziale Netze auch für wirtschaftliche Strukturen betont (Hollingsworth/Boyer 1997).

Die Auswirkungen sozialer Vernetzung reichen aus Sicht des Neo-Institutionalismus weit über Fragen der Kooperation zwischen Organisationen hinaus; sie betreffen Selbstverständnisse, Handlungsorientierungen und Zielsetzungen zahlreicher und sehr verschiedener Einrichtungen und Akteure. So ist es generell in Bezug auf Prozesse gesellschaftlichen Wandels wichtig, dass Netzwerke der Verbreitung von technischen und sozialen Innovationen dienen – in der Wirtschaft ebenso wie in anderen Gesellschaftsbereichen (Rogers 1983). Das gilt auch für die Diffusion neuartiger Produktionskonzepte, die zugleich eine soziale Innovation darstellen. In der Netzwerkdiskussion der Industrie- und Wirtschaftsforschung wird insofern eine Form der Vernetzung vernachlässigt, welche den dort behandelten Kooperationsformen zugrunde liegt.

Von einem strukturellen Wandel in Richtung Vernetzung ist zu erwarten, dass er Diffusionsprozesse beschleunigt (Coleman et al. 1966) und Varianten »mimetischer Isomorphie« (DiMaggio/Powell 1983, vgl. Kap. II/1) anregt. Es wäre jedoch falsch, sich diese Tendenz als eine abschließbare Entwicklung vorzustellen, an deren Ende eine stabile Ordnung voneinander abgrenzbarer und in sich gleichförmiger Netzwerke stünde. Einer solchen Entwick-

lung stehen nach neo-institutionalistischer Lesart die Abgren-
zungsprozesse der Trendsetter entgegen. Diese sind für andere
richtungsweisend, und ihre Rezepte werden im Falle von Erfolgs-
erwartungen von anderen nachgeahmt. Es handelt sich um eine
Entwicklungsdynamik, die prinzipiell unabgeschlossen ist.
Trendsetter müssen sich dann von anderen abgrenzen, um als
solche anerkannt zu bleiben.[31]

Allerdings sind Zugehörigkeit und Position im Netzwerk
gleichartiger Akteure und Einrichtungen nicht eindeutig und
dauerhaft geregelt, sondern im Fluss. Es kann somit durchaus variieren, wer wessen Erfolgsrezepte kopiert. Darüber hinaus sind
grundsätzlich Mehrfachvernetzungen anzunehmen. Beispielsweise kann ein Unternehmen zugleich in den globalen Verbund
der Flugzeughersteller und in den der führenden multinationalen
Unternehmen eines Staates eingebunden sein. Solche Mehrfachvernetzungen bedeuten verschiedene Referenzpunkte, die zusammen betrachtet darüber entscheiden, nach Maßgabe welcher
Orientierungen und Selbstverständnisse Trends und Vorgaben
einzelner Netzwerke abgearbeitet werden. Mehrfachvernetzungen
bestimmen somit über die Art und Weise der Integration in einzelne Netzwerke; sie erlauben es, gegenüber spezifischen Trends
und Vorgaben auf Distanz zu gehen und sind deshalb geeignet,
die Identität von Organisationen oder anderen Einrichtungen gegen die drohende Vereinnahmung durch einzelne Netzwerke zu
behaupten (White 1992).

Aufgrund von Mehrfachvernetzungen sind zudem keine eindeutig voneinander abgrenzbaren Netzwerke zu identifizieren.
Dies impliziert, dass netzwerkvermittelte Vorgaben vor dem Hintergrund einer jeweils spezifischen Konfiguration anderer Netz-
werkbezüge abgearbeitet werden. So kann die gleiche »Kopiervor-
lage« – wie zum Beispiel das Produktionskonzept des »lean management« – sehr unterschiedlich und nach Maßgabe der jeweiligen sektoralen, nationalen oder kulturellen Einbindungen wahrgenommen, interpretiert und angewendet werden. Dieser Prozess
mag jeweils zu einem anderen Ergebnis führen und im Extremfall kaum mehr als Kopie, sondern als Abweichung vom Original
identifiziert werden. Deshalb beinhalten Diffusionsprozesse und
Prozesse »mimetischer Isomorphie« ein mehr oder weniger gro-

ßes Kreativitätspotential, dessen Übergänge zur Innovation flie-
ßend sind.

1.2 Netzwerk als methodisch-theoretischer Grundbegriff

Die gegenwärtige Konjunktur soziologischer Netzwerkkonzepte
ist nicht nur empirisch begründet, sondern lässt sich auch aus der
internen Dynamik einer Theoretisierung soziologischer Netzwerkkonzepte ableiten. Bei dieser theoretischen Öffnung sind
Einflüsse des soziologischen Neo-Institutionalismus ebenso zu
berücksichtigen, wie umgekehrt die Bedeutung dieser Netzwerk-
studien für den Neo-Institutionalismus hervorzuheben ist. Im
Folgenden sollen die wichtigsten Aspekte der Öffnung der Netzwerksoziologie und ihrer Beziehung zum Neo-Institutionalismus
behandelt werden.

Netzwerkansätze können in der Soziologie auf eine beachtliche
Tradition verweisen. Lange Zeit verstanden sie sich jedoch vorwiegend als methodische Verfahren mit begrenzten Theorean-
sprüchen. Einem instruktiven Überblick von Karen Cook und Joseph Whitmeyer folgend, kann man »mindestens drei Ursprünge
der Netzwerkanalyse identifizieren: empirische Studien in der
Sozialanthropologie [...], die Praxis der Soziometrie [insbesondere
in der Gruppensoziologie Morenos, die Verf.] [...] und abstraktere
mathematische Modelle« (Cook/Whitmeyer 1992: 115).

Die Forschungsinteressen waren bis in die 1970er Jahre eindeutig empirischer und methodischer Natur. Dies belegen die
Autoren mit Zitaten aus dieser Zeit: »Es gibt nicht so etwas wie
eine Netzwerktheorie« (ebd.), heißt es auch in der Selbsteinschät-
zung der Netzwerkanalytiker. Der Schwerpunkt der Netzwerkfor-
schung lag bis dahin eindeutig in der Formalisierung und Model-
lierung von Netzwerkbeziehungen und Netzwerkpositionen. Als
Anknüpfungspunkte hierfür galten insbesondere Georg Simmels
formale Soziologie und Claude Lévi-Strauss' anthropologischer
Strukturalismus, ohne dass diese Grundlagen für eine eigenständige Theorieentwicklung genutzt wurden (Mizruchi 1994: 329f.;
Burt 1992: 30ff.).

Diese Zurückhaltung im Hinblick auf Theoriebildung lässt sich als implizite Kritik an Parsons und der von ihm vorangetriebenen Entwicklung sog. »grand narratives« interpretieren. Inhaltlich wird insbesondere die Bedeutung relativiert, die im Anschluss an Parsons sozialisatorischen Prozessen der Internalisierung von Normen zukommt.[32] Mit Dennis Wrong (1961) wird das »übersozialisierte Konzept des Menschen« in Talcott Parsons' Theorie kritisiert; stattdessen knüpfen Vertreter des Netzwerkansatzes an den quasi-behavioristischen Ansatz von George Homans an.[33]

Während der 1980er Jahre kommt es zu einer kritischen Reflexion dieser theoretischen Grundlage der Netzwerksoziologie. Vor allem Bo Anderson und David Willer üben harsche Kritik an Homans' Reduktionismus (Anderson/Willer 1981: 9ff.): Erstens wird ihm ein fehlendes Gesellschaftskonzept vorgeworfen, da alle Beziehungen auf einen Austausch in Zweierbeziehungen (Dyaden) reduziert werden; zweitens wird ein mangelhaftes Handlungsmodell kritisiert, da alles Handeln als Austausch interpretiert wird; und drittens gilt Homans' Akteurskonzept, das sich stark an individuellen Nutzenkalkülen orientiert, als unterkomplex (vgl. auch Cook/Whitmeyer 1992: 111f.). Mit dieser Kritik wird deutlich, dass Netzwerktheorien bei der Entwicklung eines eigenständigen Profils nicht nur gegenüber makrosoziologischen »grand narratives«, sondern auch gegenüber ökonomischen Erklärungen auf Distanz gehen. Der Startpunkt für diese Grenzziehung ist ein sehr einflussreicher Aufsatz von Granovetter aus dem Jahre 1985.

Granovetter, der bereits in den 1970er Jahren einen wichtigen Beitrag für die Entwicklung der Netzwerksoziologie vorgelegt hatte (Granovetter 1973), referiert in diesem Aufsatz nicht nur die Kritik des »übersozialisierten Konzepts des Menschen« in Parsons' Theorie. Er grenzt die Netzwerksoziologie auch gegenüber ökonomischen Theorien menschlichen Handelns ab. Dabei ist bemerkenswert, dass beide Abgrenzungen mit dem gleichen und für die Netzwerktheorie zentralen Argument erfolgen:

»Ungeachtet des scheinbaren Gegensatzes zwischen über- und untersozialisierten Konzepten sollten wir eine Ironie beachten, die von großer theoretischer Bedeutung ist: Beiden ist die Konzeption gemeinsam, dass Handlungen und Entscheidungen von atomisierten Akteuren ausgeführt werden. In der untersozialisierten Variante resultiert Atomisierung aus dem engen utilitaristischen Streben des Selbstinteresses; in der übersozialisierten aus der Tatsache, dass Verhaltensmuster internalisiert worden sind, so dass laufende soziale Beziehungen nur periphere Effekte auf das Verhalten haben« (1985: 485).

Es ist wohl diese Frontstellung zwischen Theorien des Parsonianischen Typs und ökonomischen Handlungstheorien, die die Seelenverwandtschaft zwischen Netzwerksoziologie und dem soziologischen Neo-Institutionalismus begründen. Beide gehen davon aus, dass Akteure weder programmierte Automaten noch unerreichbare Autisten darstellen, sondern sich aktiv mit ihrer gesellschaftlichen Umwelt auseinander setzen und hierdurch geprägt werden. In beiden Fällen nimmt man an, dass diese Prägungen auch die Präferenzen der Akteure betreffen. Interessen, Werte und Ziele sind insofern endogen, das heißt, sie gelten nicht als determiniert oder beliebig, sondern als das Resultat einer umfassenden, aber konkreten gesellschaftlichen Einbettung. Es gibt demnach weder eine gesellschaftsfreie Hinterbühne, von der aus gesellschaftliche Vorgaben abgearbeitet werden könnten, noch sind die Akteure den Vorgaben ohnmächtig ausgesetzt. Akteure sind vielmehr an ihrer eigenen Prägung aktiv beteiligt, indem sie sich einerseits mit gesellschaftlichen Vorgaben auseinander setzen und andererseits aktiv auf ebendiese einwirken (Hasse 2003b: 124ff.).

Allerdings gibt es grundlegende Unterschiede hinsichtlich des Stellenwertes, der übergeordneten Werten und Weltsichten eingeräumt wird. Vor allem für die im Umfeld von Meyer entstandenen Arbeiten sind diese von so zentraler Bedeutung, dass sie ausschließlich als erklärende Variable behandelt werden. Je nachdem, ob Netzwerktheoretiker übergeordnete Werte und Weltsichten als Ursache oder als Wirkung von Netzwerkbeziehungen und Positionen in Netzwerken erachten, geraten sie in Nähe (White 1992: 66f.) oder in Distanz (Burt 1992, 1993) zu der von Meyer entwickelten Perspektive.

Folgt man dem Vorschlag von Mizruchi (1994), dann können beide Ansätze von einer stärkeren Beziehung zueinander profitieren. Für den Neo-Institutionalismus eröffnet sich dabei die Chance, das hohe Auflösevermögen der Netzwerksoziologie im Hinblick auf die Beschreibung von Beziehungsnetzen und Positionen in solchen Netzen zu nutzen. Mit explizitem Bezug auf den Neo-Institutionalismus verspricht Mizruchi: »Was eine Netzwerkanalyse leisten kann, ist eine detaillierte Konzeption der Prozesse, durch die Isomorphie übertragen wird [...]. Netzwerktheorie [...] kann erklären, warum bestimmte Formen im Gegensatz zu anderen übernommen werden, unabhängig davon, ob diese objektiv betrachtet effizient sind« (ebd.: 339). Sofern sich dieser Anspruch einlösen ließe, wäre die Netzwerksoziologie zweifellos ein wichtiger Impuls für die Weiterentwicklung des Neo-Institutionalismus.

2. Aktuelle Strukturtheorien: Giddens und Bourdieu

Der soziologische Neo-Institutionalismus und die in diesem Abschnitt zu behandelnden Strukturtheorien weisen hinsichtlich der Theorieanlage wichtige Gemeinsamkeiten auf. Diese Gemeinsamkeiten verdanken sich teilweise der Rezeption von theoretischen Beiträgen, die beiden Ansätzen gemeinsam zugrunde liegen. Darüber hinaus hat der soziologische Neo-Institutionalismus die Ansätze von Anthony Giddens und Pierre Bourdieu direkt rezipiert. In konzeptioneller Hinsicht ist wichtig, dass auf beiden Seiten die lange Zeit in soziologischen Theorien etablierte Gegenüberstellung von Struktur und Kultur unterlaufen wird (DiMaggio 1994: 42). Dies ist in der Definition beider Grundbegriffe begründet. Man verwendet einen wissens- und sinnorientierten Kulturbegriff, demzufolge Kultur nicht auf eine Gesellschaftssphäre wie das Bildungswesen oder die Künste beschränkt ist.[34] Kultur gilt also nicht als ein Gesellschaftsbereich neben anderen (z.B. Wirtschaft, Wissenschaft, Politik), sondern bezieht sich diesem Verständnis zufolge auf Prozesse der Informationsverarbeitung und Sinnproduktion. Derartige Prozesse liegen allen sozialen Praktiken in allen Gesellschaftsbereichen zugrunde.

Soziale Praktiken und ihre kulturellen Grundlagen sind aus der Perspektive der hier thematisierten Strukturtheorien als In-

stanzen der Reproduktion sozialer Strukturen in allen Gesellschaftsbereichen unabdingbar. Aufgrund dieses Zusammen-
hangs lassen sich Strukturen nicht in einen Gegensatz zu Kultur-
phänomenen bringen. Zugleich wird, ähnlich dem Institutionen-
verständnis im soziologischen Neo-Institutionalismus (Zucker
1977; Jepperson 1991), die Relativität der Bindungswirkung gesellschaftlicher Strukturen hervorgehoben. Strukturen bzw. Institutionen beziehen sich demnach auf relativ stabile Regelhaftigkei-
ten, auf abrufbare Muster und auf situationsübergeordnete Vorgaben, deren Verbindlichkeit und Universalität jedoch variieren.
Ein derartiger Strukturbegriff lässt sich auf alle sozialen Phänomene anwenden. So verstanden, können spezifische Phänomene
dann nicht als entweder strukturell oder kulturell charakterisiert
werden. Vielmehr gelten sie als mehr oder weniger strukturiert,
wobei ihr Strukturierungsgrad im Zeitverlauf variieren kann. In
dieser grundlegenden Hinsicht besteht Übereinstimmung zwischen den genannten Strukturtheorien und dem soziologischen
Neo-Institutionalismus.

Es gibt aber auch entscheidende Differenzen: So stehen im
Gegensatz zum soziologischen Neo-Institutionalismus in den
Theorien von Giddens und Bourdieu Fragen der Ressourcen-,
Macht- und Kapitalausstattung gesellschaftlicher Akteure im Vordergrund. Dieses Interesse findet, wie noch auszuführen sein
wird, keine Entsprechung auf Seiten des soziologischen Neo-Institutionalismus. Demgegenüber besitzen bei Giddens und Bourdieu Aspekte der formalen Organisiertheit, die im Neo-Institutionalismus eine überaus wichtige Rolle spielen, keinen zentralen
Stellenwert (Ortmann et al. 1997a: 321f.). Während bei Giddens
neben Individuen vor allem Nationalstaaten berücksichtigt werden, bezieht sich Bourdieu, wenn nicht auf Individuen, vor allem
auf Familienstrukturen sowie auf soziale Milieus und somit auf
Sozialformen, die nicht auf moderne Gesellschaftsordnungen beschränkt sind.

Der geringe Stellenwert, der Organisationen in aktuellen Theorien der Strukturierung zukommt, bringt diese Theorien in einen
deutlichen Gegensatz zum soziologischen Neo-Institutionalismus, für den moderne Gesellschaften wesentlich durch formale
Organisationen strukturiert sind. Weil sich Neo-Institutionalis-

mus und Theorien der Strukturierung in dieser Hinsicht stark voneinander unterscheiden, sind Möglichkeiten einer konstruktiven Auseinandersetzung gegeben. Zugleich eröffnen sich auch darüber hinausgehende Vergleichsmöglichkeiten. Deshalb soll die Frage nach einer etwaigen Über- oder Unterschätzung formaler Organisationen lediglich in Form einer knappen Vorbemerkung behandelt werden: Die Einbeziehung grundlegender Einsichten von Giddens und Bourdieu ist ein zusätzlicher Schutz davor, formale Organisationen überzubewerten und moderne Gesellschaften im Sinne von Charles Perrow (1989, 2002) als sog. Organisationsgesellschaften zu konzipieren.

2.1 Die Dualität von Struktur – Der Beitrag von Anthony Giddens

Der soziologische Neo-Institutionalismus hat sich eingehend mit Giddens' Theorie der Strukturierung beschäftigt (Barley/Tolbert 1997). Bereits Anfang der 1980er Jahre finden sich knappe Verweise auf Ähnlichkeiten in der Theorieanlage und auf gemeinsame Theorietraditionen (DiMaggio/Powell 1991: 22f.). Dies eröffnet Anknüpfungspunkte an die allgemeine Organisationsforschung, in der der Ansatz von Giddens sogar als gemeinsamer theoretischer Bezugspunkt für eine aussichtsreiche Integration verschiedener Ansätze diskutiert wird (Ortmann et al. 1997b; Weaver/Gioia 1994; Windeler 2001).

Ebenso wie der soziologische Neo-Institutionalismus eine Weiterentwicklung des klassischen Institutionalismus darstellt, die kritische Einwände gegenüber seinen ideengeschichtlichen Vorläufern berücksichtigt hat, lässt sich das Werk von Anthony Giddens als Versuch interpretieren, die Kritik am Strukturalismus für eine Verbesserung der Theorie zu nutzen. Zu den gravierendsten Einwänden gegenüber dem Strukturalismus zählen ohne Zweifel erstens der Vorwurf, Wandlungsprozesse nicht herleiten zu können (Sewell 1992: 2f.), und zweitens die Kritik, deterministisch zu sein. Deterministisch sind klassische Strukturtheorien insofern, als im Duktus eines »übersozialisierten Konzepts des Menschen« (Wrong 1961) Akteure lediglich als Vollzugsorgane

ihnen übergeordneter und von ihnen unbeeinflussbarer Strukturen in Erscheinung treten. Die Kritik am unzureichenden Wand-
lungsmodell leitet sich hieraus ab: Weil Akteure keinen Spiel-
raum im Umgang mit übergeordneten Strukturen haben, folgen
Wandlungsprozesse entweder einer vorgegebenen Richtung –
d.h., Wandel wird als Fortschritt teleologisch überhöht – oder er
verdankt sich Umständen, die im Rahmen strukturalistischen
Denkens als externe Faktoren einzustufen sind, zum Beispiel in
Form einer Beeinflussung durch andere Systeme oder durch einen wie auch immer begründeten Zusammenbruch gesellschaftlicher Ordnung.[35]

Weil Institutionalismus und Strukturalismus durchaus ähnliche Grundlagen aufweisen, und weil sie auf eine ähnliche Kritik
gestoßen sind, ist es nicht besonders überraschend, dass teilweise
für ähnliche Theorieprobleme ähnliche Lösungen gefunden wurden. Insofern lassen sich bei einem Vergleich zwischen soziologi-
schem Neo-Institutionalismus und Giddens' Theorie der Strukturierung zahlreiche und wichtige Gemeinsamkeiten identifizieren.
Giddens begegnet dem Einwand eines statischen Strukturalismus, der unfähig sei, Prozesse sozialen Wandels zu thematisieren, indem er das Denken über gesellschaftliche Strukturen dy-
namisiert. Grundlage seines dynamisierten Strukturalismus ist
die »Dualität von Struktur« (Giddens 1979: 81ff., 1984: 141ff.).
Diese Dualität kommt darin zum Ausdruck, dass Strukturen immer zugleich Medium und Ergebnis sozialen Handelns darstellen. Sie sind Medium, weil sie bestimmte Handlungsmöglichkeiten zulassen und andere ausschließen; sie sind Resultat, weil sie
nur reproduziert werden, indem sie als Medium sozialen Handelns in Anspruch genommen werden.

Giddens' Überlegungen zur Dualität von Struktur finden sich
in völliger Übereinstimmung mit zentralen Annahmen des soziologischen Neo-Institutionalismus (Scott 1995: 52; Barley/Tolbert
1997). Der Sachverhalt einer mehr oder weniger kontinuierlichen
Reproduktion übergeordneter Vorgaben durch deren Verwendung ist vor allem in dem Beitrag von Zucker (1977; vgl. auch
Kap. II/2) thematisiert worden. Die Frage des Verhältnisses von
Stabilität und Wandel wurde im Anschluss hieran noch zuge-
spitzt, indem Wandel als fortdauernder Prozess konzipiert wurde,

der nur vorübergehend in Phasen relativer Stabilität überführt werden kann (Zucker 1988a). Aus dieser Sicht erscheinen dann eher Phasen der Stabilität und nicht die fortdauernden Prozesse des Wandels als erklärungsbedürftig. Der soziologische Neo-Institutionalismus ist insofern eine Theorie des Wandels und nicht eine der Stabilität. Er radikalisiert die Prozessperspektive, die in Giddens' Annahme einer Dualität von Struktur angelegt ist.

Nun geschieht die Inanspruchnahme und Nutzung gesellschaftlicher Vorgaben bei Giddens keineswegs nach Maßgabe eines »übersozialisierten Konzepts des Menschen«. Akteure sind ihm zufolge keine automatenähnlichen Vollzugsorgane übergeordneter Strukturen. Er spricht stattdessen von »wissensfähigen Agenten«, die in der Lage sind, ihre Handlungen »reflexiv zu überwachen«; für ihn gilt als »grundlegendes Theorem der Theorie der Strukturierung [...]: Jeder Akteur weiß sehr viel über die Bedingungen der Reproduktion der Gesellschaft« (Giddens 1979: 5). Darüber hinaus gibt es einen zweiten, nicht in gesellschaftlichen Strukturen begründeten Bezugspunkt der Inanspruchnahme und Reproduktion gesellschaftlicher Strukturen: das anthropologisch bedingte Streben nach Gewissheit (Giddens 1990: 92ff., 1984: 141ff.). Entsprechend sind jeweils zwei Referenzen zu berücksichtigen, die über den Umgang mit gesellschaftlichen Strukturen entscheiden: die Orientierungen wissensfähiger und bewusster Agenten sowie ihr Bedürfnis nach Gewissheit. Beide Referenzen entscheiden über Anwendung und Veränderung gesellschaftlicher Strukturen, und sie bewirken, dass diese Strukturen durch ihren Gebrauch zugleich reproduziert und variiert werden.

Beide Referenzen – die Bewusstheit wissensfähiger Agenten und vorgegebene Bedürfnislagen – spielen im soziologischen Neo-Institutionalismus nur eine untergeordnete Rolle. Beginnen wir mit Annahmen zu Bedürfnislagen. Der Rekurs auf vorgegebene Bedürfnisse gilt als Achillesferse des klassischen Institutionalismus (Dahrendorf 1967). Auf diese Kritik reagierend, verzichtet der Neo-Institutionalismus auf Annahmen zur »Natur des Menschen«. Die Leerstelle, die sich aus einem Verzicht auf jegliche sozialanthropologische und -psychologische Fundierung ergibt, wird mit dem vergleichsweise abstrakten Begriff der Erwartungsstrukturen ausgefüllt (Brunsson 1989). »Erwartung« ist dabei ein soziologischer Grundbegriff, der zwei formale Vorteile bietet: Erstens lässt er sich mühelos auf alle Arten gesellschaftlicher Akteure übertragen; auch Organisationen oder Staaten, denen man wohl kaum psychologische Bedürfnisse zuschreiben kann, bilden Erwartungsstrukturen aus. Zweitens gelten Erwartungen im Gegensatz zu Bedürfnissen nicht als vorgegeben, sondern als Resultat gesellschaftlicher Prozesse.

Nun zur Annahme wissensfähiger Agenten, die nach Giddens zu einem »reflexiven Monitoring« fähig sind. Auch nach neo-institutionalistischer Überzeugung können übergeordnete Vorgaben zielgerichtet in Anspruch genommen werden – insbesondere, wie in den vorangegangenen Kapiteln gezeigt, um Legitimität zu gewährleisten. Insofern sind Institutionen ein Instrument oder, gemäß der bekannten Umschreibung von Swidler (1986), ein Werkzeugkasten (vgl. Kap. IV/3). Der Umgang mit institutionellen Vorgaben ist jedoch selbst institutionell geprägt. Institutionalisierungen stellen in ihrer Gesamtheit eine so umfassende Form der Vergesellschaftung dar, dass kein Rückzug in ein »institutionenfreies Terrain« möglich ist. Es ist also wie beim Rennen zwischen Hase und Igel: institutionelle Vorgaben sind immer schon da; sie prägen Selbstverständnisse und Zielsetzungen der Agenten; sie strukturieren deren Bewusstseinslagen; sie sind konstitutiv (Jepperson/Swidler 1994: 363). Diese neo-institutionalistische Grundannahme ist allerdings nicht mit einfacher Anpassung gleichzusetzen, weil das Institutionengefüge moderner Gesellschaften typischerweise in seiner Gesamtheit vielfältig und widersprüchlich ist (Friedland/Alford 1991). Deshalb ist ein distanzierter Umgang mit einzelnen übergeordneten Vorgaben nicht zu vermeiden. Im Gegensatz zu Giddens' Modell basiert die Distanz gegenüber einzelnen gesellschaftlichen Erwartungsstrukturen jedoch nicht auf der Bewusstheit der Agenten, sondern auf deren umfassender Prägung. Dies bedeutet, dass institutionelle Vorgaben auf der Grundlage anderer institutioneller Vorgaben abgearbeitet werden. Der soziologische Neo-Institutionalismus nimmt also an, dass Vorgaben aktiv und nach Maßgabe der »Nutzer« variiert werden, dabei aber nicht-bewusste Faktoren hoch zu veranschlagen sind.

2.2 Habitus und Felder –
Der Beitrag von Pierre Bourdieu

Die Arbeiten Bourdieus bilden einen wichtigen Referenzrahmen für den Neo-Institutionalismus. Eine intensive Auseinandersetzung mit Pierre Bourdieu lag relativ nahe, weil sich die ersten Beiträge von Powell und DiMaggio auf Einrichtungen der Produktion von Hoch- und Populärkultur bezogen (DiMaggio 1977, 1982; Powell 1983, 1985). Bourdieu wird dabei als führender Kultursoziologe rezipiert. In theoretischer Hinsicht sind es insbesondere zwei Aspekte, die Bourdieu für den soziologischen Neo-Institutionalismus bedeutsam werden lassen: erstens das Habituskonstrukt, aus dem die Bedeutung kognitiver Prozesse als Vermittlungsinstanz zwischen gesellschaftlicher Prägung und sozialem Handeln abgeleitet worden ist (DiMaggio/Powell 1991: 25); zweitens die insbesondere von Fligstein (1996, 2001) berücksichtigte These, dass soziale Positionen im Feld über die Definitionsmacht einzelner Akteure entscheiden.

Für die Annahme einer umfassenden Vergesellschaftung liefert Bourdieu wichtige Anknüpfungspunkte, weil er Normen, Werte und handlungsleitende Orientierungen als Resultat gesellschaftlicher Rahmenbedingungen erachtet. So macht er in einem seiner Hauptwerke, »Die feinen Unterschiede« (1982), deutlich, dass sich von Schönheitsidealen über die Aneignung und Beurteilung auf dem Gebiet der Kunst bis hin zu kulinarischen Vorlieben alles der sozialen Lage und den damit einhergehenden Erfahrungen und Einflüssen verdankt. Auch die eingesetzten oder in Frage kommenden Strategien, die Akteure etwa im Bildungs- oder Arbeitssektor verfolgen, um ihre soziale Lage zu verbessern, gelten als Resultat dieser umfassenden Vergesellschaftung (Bourdieu et al. 1981). Es gibt dieser Theorie zufolge also kein Entrinnen; es fehlt im Gegensatz zu Giddens' Theorie die Möglichkeit, qua Reflexion gegenüber gesellschaftlichen Vereinnahmungen auf Distanz zu gehen. Weil dies auch für die Wissenschaft und alle anderen Formen der Rationalität gilt (Bourdieu et al. 1991), kann man sowohl für Bourdieu als auch für den soziologischen Neo-Institutionalismus (vgl. etwa Jepperson 1991: 156f.) von einer sehr weitreichenden Vergesellschaftungsannahme sprechen.

Das zentrale analytische Konstrukt in Bourdieus Theorie ist das des Habitus (Bourdieu 1987: 100ff.; vgl. auch Krais/Gebauer 2002). Der Habitus gilt Bourdieu als verinnerlichte Struktur, die auf zurückliegenden Erfahrungen basiert. Er prägt Selbstverständnisse, Zielsetzungen und Strategien; er beurteilt die Legitimität und Angemessenheit zur Verfügung stehender Mittel; er ist das »interface« zwischen Akteur und Gesellschaft. Das Habituskonstrukt gilt dem soziologischen Neo-Institutionalismus als wichtiger Baustein der kognitiven Wende der Sozialwissenschaften (DiMaggio/Powell 1991: 25f.), weil es die Bedeutung von Prozessen der Wissensverarbeitung als Vermittlungsinstanz zwischen objektiven Strukturen und den hierauf bezogenen Aktivitäten gesellschaftlicher Akteure hervorhebt (Bourdieu 1979). Allerdings ist es immer der Rückgriff auf sozialstrukturelle Bedingungen und hieraus ableitbare Erfahrungen, durch den Habituskonstellationen begründet werden. Strukturen fungieren demnach als Impuls für bestimmte Formen des Habitus, für daraus herleitbare soziale Praktiken sowie für die hieraus resultierenden Rückwirkungen auf vorgängige Strukturen (Bourdieu 1987). Kognitiven Prozessen wird somit zwar eine Vermittlungsfunktion, aber kein eigenständiger Stellenwert zugeschrieben.

Gleichwohl betont Bourdieu – und hier liegt eine entscheidende Übereinstimmung mit Giddens – die Notwendigkeit einer Reproduktion gesellschaftlicher Strukturen durch soziale Praktiken. Es handelt sich dabei um Prozesse, die auf der Anwendung von Wissen basieren (Bourdieu 1987: 95). Man weiß, was man zu tun hat, oder besser: man weiß, was »Leute wie wir« zu tun haben. Im Vergleich zu Giddens sind die Kontrollmöglichkeiten der Handlungssubjekte allerdings sehr reduziert. Ebenso wie im soziologischen Neo-Institutionalismus wird eine nicht-bewusste Verwendung des Wissens hervorgehoben. Dabei ist Bourdieu weit davon entfernt, kognitive Dimensionen auf Kosten materieller, objektiv gegebener Lebenslagen überzubetonen. Wissensprozessen wird also keine Eigendynamik attestiert, durch die sie gegenüber Strukturvorgaben auf Distanz gehen könnten (Cicourel 1992: 103ff.).

Aufgrund der Bedeutung, die objektiven, sozialstrukturellen Bedingungen beigemessen wird, ist die Theorie im Rahmen der

für den soziologischen Neo-Institutionalismus überaus einfluss-
reichen Kritik von William Sewell (1992: 15f.) als quasi-determi-
nistisch klassifiziert worden; Verhalten und Handeln der Akteure
erscheinen als unkontrollierbarer Reflex auf die Lage im sozialen
Raum, in dem sich die Akteure befinden. Indes bleibt es Bourdieus Verdienst, mit Hilfe der grundbegrifflichen Trias »Struktur
– Habitus – Praxis« epochale Veränderungen in der Gesellschaft
im Allgemeinen und soziale Anpassungsprobleme an veränderte
Bedingungen im Besonderen erforscht zu haben. Wandlungsprozesse, die sich Modernisierungsprozessen verdanken, werden
demnach durch die Dynamik gesellschaftlicher Kräfte, das heißt
durch das Streben nach gesellschaftlicher Zentralität und Definitionsmacht einzelner Individuen und Gruppen, welche sich in einer vergleichbaren Lage befinden, forciert.

Bourdieu zufolge führt das Streben nach Distinktion derjenigen, die Definitionsmacht darüber haben, was als legitime und
prestigeträchtige Praxis anerkannt wird, sowie das Nacheifern auf
Seiten peripherer Akteure zu Bewegungen einzelner Gruppen im
sozialen Raum und zu einer Veränderung der sozialen Struktur
insgesamt (Bourdieu 1985). Macht ist deshalb ein weiterer
Schlüsselbegriff in Bourdieus Werk. Insbesondere wird auf die
Bedeutung symbolischer Macht verwiesen, bei der es auf Seiten
der »Ohnmächtigen« keine Alternative zu Anerkennung, Unter-
werfung und Reproduktion gibt. Deshalb wird Macht eine kon-
fliktvermeidende, mitunter gar integrative Wirkung zugeschrieben. Symbolische Macht entscheidet darüber, wer letztlich Standards setzt und wer demgegenüber keine Alternative zur Orientierung an den vorgegebenen Standards hat. Das Zusammenspiel
von Distinktion (derjenigen, die bemächtigt sind, Standards zu
setzen) und Nachahmung (derjenigen, denen keine Alternative zu
dieser Strategie bleibt) ist daher eine Grundfigur in Bourdieus
Werk. Diese Dynamik ist dem soziologischen Neo-Institutionalismus im Zusammenhang mit der Analyse organisationaler Felder sehr vertraut und insbesondere in den marktsoziologischen
Untersuchungen von Fligstein (2001) herausgestellt worden. Zudem haben sich Bourdieus Überlegungen zu sozialen Feldern
und zu relativen Positionen im sozialen Raum auch in Studien zu
Interorganisationsbeziehungen niedergeschlagen, wie sie von

DiMaggio (1986, 1991) und Powell (1990; Powell/Smith-Doerr 1994; Powell et al. 2005) durchgeführt wurden (vgl. auch Kap. V/1.1).

Was schließlich darüber hinaus den Ansatz Bourdieus in große Nähe zum soziologischen Neo-Institutionalismus rückt, ist der Anspruch, Theoriebildung aus empirischer Forschung heraus zu betreiben und die Ergebnisse in den Dienst dieser Forschung zu stellen. Im Vergleich zu großen Theorieentwürfen, wie insbesondere der Luhmann'schen Systemtheorie, ist dies eine forschungspragmatische Form der Theorieentwicklung, der manche Kritiker eine unzureichende analytische Schärfe vorgeworfen haben (Calhoun 1995: 132f.). Im auffälligen Gegensatz zum Neo-Institutionalismus hat sich Bourdieu diesen kritischen Einwänden und Gegenentwürfen immer wieder gestellt. So hat er die zentralen Begriffe seiner Soziologie – sozialer Sinn, Praxis, Macht – reflexiv gewendet, und gelangte auf diesem Weg zu einer in der gegenwärtigen Soziologie seltenen Kombination von theoretischer Reflexion und gesellschaftspolitischem Engagement (Bourdieu/ Wacquant 1992).

3. Soziologische Systemtheorie: Niklas Luhmann

Soziologische Netzwerkansätze sowie die Strukturtheorien von Giddens und Bourdieu spielen eine wichtige Rolle für die theoretische Standortbestimmung und Weiterentwicklung des Neo-Institutionalismus. Vergleichbares lässt sich für die soziologische Systemtheorie Niklas Luhmanns nicht behaupten. Sie wird schlichtweg ignoriert bzw. allenfalls als interessante, jedoch für die eigene Forschung wenig instruktive »Meta-Theorie« wahrgenommen.[36]

Nicht viel besser sieht es aus, wenn man Luhmanns Einschätzung des Neo-Institutionalismus betrachtet. Hier ist vor allem die mangelnde Präzisierung des zugrunde liegenden Institutionenbegriffs moniert worden: »Eine begriffliche Ausarbeitung ist [...] nicht gelungen, und alle Erläuterungen [hier bezieht Luhmann sich explizit auf Scott (1987), die Verf.] machen es nur noch schlimmer« (Luhmann 2000: 36), lautete sein vernichtendes Urteil. Ignoranz auf der einen, harsche Kritik auf der anderen Seite charakterisierten also lange Zeit das Verhältnis von neo-institutionalistischer und systemtheoretischer Forschung in der Soziologie. Dies ist bedauerlich, denn von einer fokussierten Auseinandersetzung könnten unserer Ansicht nach beide Seiten profitieren. Ansätze hierzu wurden erst in den letzten Jahren entwickelt.[37] Bevor nun auf Gemeinsamkeiten und Unterschiede zwischen der Systemtheorie und dem Neo-Institutionalismus eingegangen wird, beziehen wir uns zunächst auf die frühen Arbeiten Luhmanns. Dabei wird ersichtlich, dass Positionen, die für den Neo-Institutionalismus zentral sind, den Startpunkt der Luhmann'schen Theorieentwicklung gebildet haben.

3.1 Institution und Institutionalisierung

Bereits 1965 verwendete Luhmann in der kleinen Monographie »Grundrechte als Institution« einen abstrakten, vom klassischen Normbegriff abweichenden Begriff der Institution, wie er auch den meisten neo-institutionalistischen Analysen zugrunde liegt. Institutionen wurden definiert als »Komplex faktischer Verhaltenserwartungen« (ebd.: 12). Dies erlaubte es ihm, Grundrechte wie Meinungsfreiheit, Eigentum und Gleichheit vor dem Gesetz als institutionalisierte Verhaltenserwartungen zu verstehen, deren Aktualisierung sich in konkreten Situationen vollzieht. Mit dem 1970 erschienenen Aufsatz »Institutionalisierung – Funktion und Mechanismus im sozialen System der Gesellschaft« kam Luhmann dem heutigen neo-institutionalistischen Gedankengut noch näher. Stichwortartig lässt sich seine Argumentation wie folgt zusammenfassen:

Luhmanns Ausgangs- und Bezugspunkt bildet gesellschaftliche Komplexität. Ihre Steigerung im Laufe der gesellschaftlichen Entwicklung führt zu einer Erweiterung menschlicher Erlebens- und Handlungsmöglichkeiten. Mit der Lockerung traditionaler Gemeinschaftsstrukturen schwinden in Tradition und Konvention begründete Erwartungssicherheiten. Angesichts gesellschaftlich immer weiter anwachsender Möglichkeitsüberschüsse wird dann insbesondere die soziale Verhaltenskoordination zum Problem. Die Funktion der Institutionalisierung besteht nun darin, das reflexive Erwarten von Erwartungen zu steuern: Man erwartet, dass andere erwarten wie man selbst. Auf diese Weise wird ein gesellschaftlicher Erwartungskonsens unterstellt, der über konkrete »face-to-face«-Interaktionen hinausgeht. Die Unterstellung sozial geteilter Erwartungen wird, mit anderen Worten, generalisiert. Damit ist Institutionalisierung zugleich der zentrale Mechanismus, um die immer problematischer werdende Verhaltenskoordination in zunehmend komplexen Gesellschaften zu gewährleisten.

Die Parallelen dieser Problemfassung zum Neo-Institutionalismus sind augenfällig. So konvergieren Luhmann und neo-institutionalistische Ansätze dahingehend, eine im Wesentlichen nicht-bewusst ablaufende Umsetzung institutioneller Vorgaben anzunehmen. Luhmann hat diesen Aspekt in der Figur des unterstellten Erwartungskonsenses herausgearbeitet, der gerade nicht einer laufenden reflexiven Überprüfung zugänglich ist. Institutionelle Vorgaben müssen aus diesem Grund hinreichend unbestimmt und diffus bleiben: »Eine formulierte idée directrice – das ist schon der Anfang vom Ende einer Institution« (Luhmann 1970: 32). Damit hat Luhmann vieles von dem vorweggenommen, was später im Neo-Institutionalismus unter dem Stichwort »kognitive Wende« behandelt worden ist.

Eine weitere Gemeinsamkeit besteht darin, dass Luhmann bereits 1970 einen Prozessbegriff (»Institutionalisierung«) anstelle eines Substanzbegriffs (»Institution«) zugrunde gelegt hat. Dieser begrifflich-theoretische Umbau wurde später vor allem von Zucker (1977) und Jepperson (1991) vollzogen und durch Oliver (1992) um den Begriff der De-Institutionalisierung erweitert (vgl. Kap. IV/1). Der Vorteil der zuerst durch Luhmann eingenommenen Prozessperspektive besteht darin, dass sich auf diesem Weg Fragestellungen zum institutionellen Wandel empirisch operationalisieren und beantworten lassen.

Darüber hinaus ist der Institutionenbegriff von seinen konservativen und Ordnungsimplikationen gelöst worden. Im Vordergrund standen demnach weniger die »alten Institutionen wie Kirche, Staat, Familie« (Luhmann 1970: 40), sondern vielmehr Konsensunterstellungen, die sich auf den Umgang mit einer Pluralität möglicher Zukünfte richten. Es geht um die »Beschaffung von unterstellbarem Konsens für die strukturelle Labilität und Änderungsfähigkeit von Systemen« (Luhmann 1970: 41) sowie um die Bewältigung der damit verbundenen Unsicherheitserfahrungen. Auch dieser Grundfigur begegnet man in neueren theoretischen Diskussionen innerhalb des Neo-Institutionalismus, die sich auf die Verarbeitung der ineinander verwobenen Prozesse von Institutionalisierung und De-Institutionalisierung beziehen.

3.2 Perspektivendifferenz und Anknüpfungspunkte

Erst vor dem dargestellten Hintergrund dieser Ähnlichkeiten wird auffällig, dass die Weiterentwicklung der Luhmann'schen Systemtheorie durch eine grundsätzliche Abkehr von den Begriffen »Institution« und »Institutionalisierung« gekennzeichnet ist. In seinen theoretischen Hauptwerken »Soziale Systeme« (1984) und »Die Gesellschaft der Gesellschaft« (1997) spielen diese Begriffe schließlich keinerlei Rolle mehr.[38] Gleichwohl lassen sich Anknüpfungspunkte identifizieren, die sich für eine konstruktive Auseinandersetzung eignen.

Eine zentrale Gemeinsamkeit zwischen neo-institutionalistischer und systemtheoretischer Forschung besteht in der grundlegenden Differenz zu Sozialtheorien, die an konkreten Handlungen oder Handelnden ansetzen. Handlungen und Handelnde gelten in der Perspektive beider Forschungsansätze als »institutionell und kulturell gedeckte Konstrukte«, wie Luhmann (1996: 66) in Anlehnung an neo-institutionalistische Literatur formuliert hat. In der Tat sind nach neo-institutionalistischer Lesart individuelle Akteure das Resultat von Modernisierungsprozessen. Ihre Entstehung und Etablierung kann deshalb zum Gegenstand soziologischer Analysen gemacht werden. Sie gelten als Explanandum, nicht als Explanans. Noch radikaler hat Luhmann argumentiert, indem er grundlegend zwischen sozialen und psychischen Systemen unterschieden hat. Psychische Systeme zählen demnach nicht zum Gegenstandsbereich der Soziologie, und Soziales, so seine Überzeugung, ist nicht vom Subjekt her zu begreifen, sondern nur als Verknüpfung sinnhafter Kommunikationen.

An die Stelle akteurzentrierter Konzeptualisierungen des Sozialen tritt sowohl im soziologischen Neo-Institutionalismus als auch in der Systemtheorie Luhmanns die Unterscheidung von System und Umwelt. Im Rahmen des Neo-Institutionalismus werden vor allem die Einflüsse gesellschaftlicher Umwelten auf Individuen, Organisationen und Staaten untersucht. Vor allem im Rahmen des in Kapitel III/1.2 dargestellten neo-institutionalistischen »world-polity«-Ansatzes werden diese Umwelten vergleichsweise abstrakt als übergreifendes kulturelles Bezugssystem gefasst, das Individuen, Organisationen und Staaten vorausgeht und diese als Akteure konstituiert (vgl. Meyer 2005). Bei Letztgenannten handelt es sich um anschauliche Systeme, die dem entsprechen, was in Handlungstheorien unter individuellen oder kollektiven Akteuren verstanden wird. In Luhmanns Texten findet sich dem gegenüber ein abstraktes und auf den ersten Blick technisch anmutendes Systemkonzept. Bei der uns heute vertrauten Form des Sozialen sind ihm zufolge drei Systemtypen zu unterscheiden: Interaktion, Organisation, Gesellschaft.[39]

Interaktionssysteme konstituieren sich durch Anwesende, die sich wechselseitig wahrnehmen. Derartige Systeme entstehen rasch und sind nur von kurzer Dauer; mit der Auflösung der konkreten Interaktion (Mittagessen, Weihnachtsfeier, gemeinsame Busfahrt) zerfallen sie wieder. Die Konstituierung von Organisationssystemen erfolgt bei Luhmann über das Kriterium der Mitgliedschaft. Dieses Kriterium legt nach außen die Organisationsgrenzen fest und reguliert nach innen die an die Organisationsmitglieder gestellten Verhaltenserwartungen. Die Gesellschaft wird schließlich in ihrer modernen Ausprägung als funktional differenzierter Systemtypus verstanden. Er ist dadurch gekennzeichnet, dass sich spezialisierte Teilsysteme zur Erfüllung gesellschaftlicher Funktionen herausgebildet haben. So wird etwa die Funktion der Herstellung kollektiv bindender Entscheidungen zur Aufgabe des politischen Systems. Das Wirtschaftssystem bildet sich um die Funktion der Sicherstellung zukünftiger Versorgung heraus. Erkenntnisgewinn wird durch das hierauf spezialisierte Wissenschaftssystem erzeugt, und die Herstellung von Erwartungssicherheit wird zur Exklusivfunktion des Rechtssystems.

Wenngleich sowohl der Neo-Institutionalismus als auch die

Systemtheorie mit der allgemeinen Unterscheidung von System und Umwelt arbeiten, liegen doch gegensätzliche System/Umwelt-Konzeptualisierungen zugrunde (siehe auch Hasse/Krücken 2005): Während der Neo-Institutionalismus die gesellschaftliche Umwelteinbettung von Systemen in den Vordergrund stellt, hat Luhmann die Herauslösung sozialer Systeme aus ihren Umwelten betont. Mit dem Neo-Institutionalismus lassen sich – vor allem im Anschluss an Meyer/Rowan (1977) und DiMaggio/Powell (1983) – Sinngrenzen überschreitende Prozesse der Institutionalisierung gesellschaftlicher Strukturvorgaben beschreiben, und zwar weltweit (vgl. Meyer 2005). Die eigenlogische Wahrnehmung und Prozessierung dieser Vorgaben im Kernbereich sozialer Systeme tritt dabei jedoch in den Hintergrund. Anders hingegen Luhmann: Die System/Umwelt-Grenze erschien ihm so undurchlässig, dass Sinngrenzen überschreitende Prozesse nur aus der Perspektive des jeweiligen Systems behandelt werden können. Die im Neo-Institutionalismus vielfältig untersuchten Fragen zur Diffusion systemübergreifender Strukturvorgaben und zur Variabilität von Grenzziehungen blieben deshalb ausgeklammert.

Aus der skizzierten Grundkonstellation – Übereinstimmung im Hinblick auf die Unterscheidung zwischen System und Umwelt, aber konträre Annahmen hinsichtlich des Stellenwerts von Umwelteinflüssen – ergibt sich eine grundlegende Perspektivendifferenz auf der theoretischen Ebene, die eine Synthetisierung beider Ansätze in weite Ferne rückt. Zugleich eröffnet diese Grundkonstellation jedoch Anknüpfungspunkte für empirische Untersuchungen. Das gilt insbesondere für Fragen des Verhältnisses von Organisation und Gesellschaft. Im Rahmen der neo-institutionalistischen Organisationsforschung geraten insbesondere Diffusionsprozesse ins Blickfeld. Man fokussiert die Entstehung und Durchsetzung gesellschaftlich legitimer Deutungsmuster sowie die hieran beteiligten Diffusionsagenten und -instanzen. Man denke hier nur an die gegenwärtig an Organisationen gerichtete Erwartung, reformfreudig und innovativ zu sein. Zugleich weiß man aber auch um das Phänomen der nicht bruchlosen Übernahme institutionalisierter Umweltvorgaben durch Organisationen, das unter dem Stichwort einer lediglich losen Kopplung behandelt wird. Mit der Luhmann'schen Sensibilität für die Eigenlogik sozialer Systeme ließe sich in diesem Zusammenhang ein besseres Verständnis für solche Unterbrechungen gewinnen. Die im Neo-Institutionalismus auch in neueren Arbeiten nicht näher spezifizierte lose Kopplung zwischen Umweltvorgaben und Organisationsverhalten könnte man mit Luhmann also erhellen, indem man Organisationen als soziale Systeme begreift, die nur selektiv und nach Maßgabe intern generierter Programme auf ihre gesellschaftliche Umwelt reagieren. Das systemtheoretische Instrumentarium erscheint uns insofern geeignet, die Analyse eines der neo-institutionalistischen Forschung vertrauten Phänomens zu vertiefen.

Ein zweiter wichtiger Anknüpfungspunkt ist durch die jeweils zugrunde liegende Gesellschaftstheorie impliziert. Hier sind bei aller Unterschiedlichkeit auch Ähnlichkeiten zu identifizieren. So stimmen Neo-Institutionalismus und Systemtheorie grundlegend darin überein, dass die moderne Gesellschaft nur als Weltgesellschaft zu verstehen ist. Mit der Annahme eines einheitlichen kommunikativen und gesellschaftlichen Bezugsrahmens, dem sich auf Dauer keine Region der Weltgesellschaft entziehen kann, stellen beide Ansätze einen hoch aktuellen Beitrag zur gegenwärtigen Globalisierungsdiskussion dar (Hasse/Krücken 2005). Zugleich findet sich eine ähnliche Einschätzung formaler Organisationen für die Dynamik der modernen Gesellschaft. Indem Organisationen jeweils als Motoren der gesellschaftlichen Entwicklung gelten, stehen Neo-Institutionalismus und Systemtheorie im Gegensatz zu allen sozialtheoretischen Entwürfen, die – wie für Giddens und Bourdieu gezeigt (vgl. Kap. V/2) – Organisationen vernachlässigen. Neo-Institutionalismus und Systemtheorie sind jedoch gleichermaßen weit davon entfernt, Organisationen als dominierende Strukturprinzipien der modernen Gesellschaft zu überschätzen. Organisationen mögen nach Maßgabe beider Ansätze als Motoren oder Verstärker der gesellschaftlichen Entwicklung in Erscheinung treten, steuern tun sie diese jedoch nicht. Die Dynamik der Gesellschaft ergibt sich stattdessen aus Strukturprinzipien, die über Organisationen hinausweisen.

An dieser Stelle beenden wir die Suche nach Gemeinsamkeiten, da die Frage nach den gesellschaftlichen Strukturprinzipien in beiden Ansätzen grundlegend unterschiedlich beantwortet wird. Prozesse der Organisationsbildung werden entweder mit Prozessen funktionaler Differenzierung in Beziehung gesetzt oder mit gesellschaftlichen Modernisierungsprozessen. Dies ist in den unterschiedlichen gesellschaftstheoretischen Annahmen begründet. Während Luhmann die Gesellschaft über die Differenz eigenlogisch operierender Funktionssysteme bestimmt hat, wird auf neo-institutionalistischer Seite die Gesellschaft primär als kultureller und systemübergreifender Modernisierungsprozess verstanden. Bei Klassikern der Soziologie, insbesondere bei Weber, wurden beide Aspekte noch als sich wechselseitig bedingend im Rahmen einer Theorie behandelt. Die Differenzierung der modernen Gesellschaft in unterschiedliche »Wertsphären« wird hier als Folge der umfassenden »okzidentalen Rationalisierung« gedacht, aus der weitere Rationalisierungsschübe folgen (vgl. Schimank 1996: 53ff.). Es ist eine offene Frage, ob das Auseinandertreten von differenzierungstheoretischen und systemübergreifenden, »kulturalistischen« Argumentationen hier das letzte Wort sein muss. Wir schätzen die Möglichkeit einer theoretischen Integration von differenzierungs- und kulturtheoretischen Annahmen zur Struktur der modernen Gesellschaft, wie sie entweder der Systemtheorie Luhmanns oder neo-institutionalistischen Makroansätzen zugrunde liegen, zwar skeptisch ein. Dennoch sind Versuche innerhalb der Systemtheorie, Kultur über den Status einer systemspezifischen Semantik zu behandeln (Baecker 2001) ebenso vielversprechend wie umgekehrt differenzierungstheoretische Argumentationen, die sich in wichtigen Einzelbeiträgen des Neo-Institutionalismus finden (Brunsson 1989; Friedland/Alford 1991).

Hinter dem Etikett »Neuer soziologischer Institutionalismus« bzw. »Neo-Institutionalismus« verbirgt sich ein Forschungsprogramm, für dessen Entwicklung sich im Nachhinein drei Aufsätze als programmbildend herausgestellt haben. Diese wurden von uns als ›Meilensteine‹ behandelt (vgl. Kap. II). Dabei verdeutlichen die organisationssoziologischen Studien von Meyer/Rowan (1977) und DiMaggio/Powell (1983) die Wichtigkeit von übergreifenden institutionellen Faktoren für die Reproduktion von Organisationen. Dies ist ein erstes Wesensmerkmal des Forschungsprogramms. Zucker (1977) betont in ihrer mikrosoziologischen Studie die Bedeutung von »taken-for-granted«-Annahmen und aktiven Aneignungsformen für die Wahrnehmung und Interpretation institutioneller Faktoren. Hierin besteht das zweite Wesensmerkmal. Beide Perspektiven ergänzen sich eher, als dass sie sich überlappen: Makrosoziologische Bezüge auf symbolisch bedeutsame gesellschaftliche Umwelten auf der Seite von Meyer/Rowan (1977) und DiMaggio/Powell (1983) und eine auf individuelle Wahrnehmungs- und Interpretationsweisen heruntergebrochene Mikrofundierung auf der Seite von Zucker (1977) veranschaulichen das Spektrum des Neo-Institutionalismus.

Gleichwohl ist dieses Forschungsprogramm durch eine gemeinsame Grundüberzeugung gekennzeichnet. Sie lautet: Explizite Normen und hierauf bezogene Sozialisationsprozesse oder Anreize und Sanktionen sind nicht die einzigen und nicht unbedingt die zentralen Regulative moderner Gesellschaften. Die Relativierung des Stellenwertes expliziter Normen und hierauf bezogener Sozialisationsprozesse oder Anreize und Sanktionen lässt sich deshalb als ein drittes Wesensmerkmal herausstellen. Es ist zusammenfassend betrachtet die Kombination dieser drei Wesensmerkmale, in der das spezifische Profil des Neo-Institutionalismus besteht. Erst diese Kombination erlaubt seine Abgrenzung gegenüber allen anderen Varianten des Institutionalismus.

Der Erfolg des an diese ›Meilensteine‹ anschließenden Forschungsprogramms verdankt sich maßgeblich dem Umstand, dass es empirische Forschungen angeregt hat, die hier von uns vorgestellt wurden (Kap. III). Diesen Forschungen sind grundlegende Einsichten in gesellschaftliche Strukturen und deren Entwicklungsdynamik zu verdanken. Zunächst blieben neo-institutionalistische Forschungen vor allem auf Bildungs- und Kultureinrichtungen beschränkt. Im Anschluss hieran rückten auch Organisationen des politischen und des wirtschaftlichen Lebens in das Zentrum der Aufmerksamkeit. Dabei zeigten die entsprechenden Studien, dass politische Organisationen nur sehr begrenzt zweckrationalen Entscheidungskriterien folgen. Dieser Befund vermag aus soziologischer Sicht nicht unbedingt zu überraschen, die begrenzte Relevanz von Effizienzkriterien in Wirtschaftsorganisationen, die Neo-Institutionalisten in ihren Untersuchungen herausfanden, schon eher.

Im Zuge der Ausweitung des Anwendungsbereichs wurde die enge Ausrichtung auf formale Organisationen zunehmend überwunden. Im Falle der Politik ist diese Erweiterung vor allem über die Beiträge zur »world polity« vermittelt. Der »world-polity«-Ansatz thematisiert die gesellschaftliche Konstruktion politischer Akteure und ihrer Interessen. Im Falle der Wirtschaft ergibt sich eine Erweiterung des Bezugsrahmens vor allem über Studien zum Wettbewerbsverhalten und über die Analyse marktbezogener Abstimmungsprozesse. Der Stellenwert dieser von uns ausführlich dargestellten Entwicklungen, mit denen der enge Fokus »Organisation« erweitert wird, ist unserer Meinung nach kaum hoch genug einzuschätzen. Diese Erweiterung ist vor allem deshalb wichtig, weil sie mit der Wiederentdeckung der gesellschaftlichen Konstituierung von Politik und Wirtschaft Anschlussmöglichkeiten an die Politik- und Wirtschaftswissenschaften eröffnet. In diesen Forschungskontexten kann der Neo-Institutionalismus somit als »Einladung zur Soziologie« dienen.

Eine solche Einladung scheint insbesondere von politikwissenschaftlicher Seite angenommen worden zu sein. Darauf deutet etwa der von Peter Katzenstein (1996) herausgegebene Sammelband »The Culture of National Security. Norms and Identity in World Politics« hin. Hier wird u.a. der Zusammenbruch des realsozialistischen Gesellschaftsmodells mit der Diffusion westlicher Rationalitätskonzepte und Wertvorstellungen in Beziehung gesetzt. Was die Autoren des Bandes als »sociological turn« im Forschungsfeld »Internationale Beziehungen« bezeichnen, ist im

Wesentlichen das von John W. Meyer vertretene und auf Einsichten Webers aufbauende Forschungsprogramm. Diese Diskussion wird in den Sammelbänden von Thomas Risse et al. (1999) sowie von Sanjeev Khagram et al. (2002) fortgesetzt. Gerade der letztgenannte Band ist von besonderem Interesse, da hier zudem der im Neo-Institutionalismus nicht im Vordergrund stehende Bezug zu Forschungen über soziale Bewegungen hergestellt wird.

Die Erweiterung des Anwendungsbereichs empirischer Forschung und die Verankerung soziologischen Wissens in fachübergreifenden Diskussionszusammenhängen sind aus der Perspektive der Soziologie sicherlich begrüßenswert. Gleichwohl aber handelt es sich um ein bescheidenes Unterfangen, solange es nicht durch eine theoretische Auseinandersetzung ergänzt wird. Diese Auseinandersetzung wird zwar geführt, sie weist u.E. jedoch zwei Schwächen auf. Zum einen bleibt vieles implizit und unverbunden; zum anderen spielen aktuelle soziologische Theorien, wie sie insbesondere außerhalb der USA entwickelt, diskutiert und angewendet werden, eine nur begrenzte Rolle für die Positionsbestimmung und Weiterentwicklung des theoretischen Fundaments. Aus diesem Grund haben wir im Anschluss an die Vorstellung des empirischen Ertrags neo-institutionalistischer Forschungen zunächst die interne Theorieentwicklung, so, wie sie sich uns darstellt, sichtbar gemacht (Kap. IV), um anschließend nach Bezugspunkten zu aktuellen soziologischen Theorien zu fragen (Kap. V).

Im Hinblick auf die interne Entwicklung ist erstens die Verbindung von Institutionalisierungs- und De-Institutionalisierungsprozessen zu betonen; zweitens ist die Frage forschungsleitend, wie multiple und zum Teil widersprüchliche Erwartungen wahrgenommen und verarbeitet werden; und drittens schließlich gilt die Konstitution staatlicher, organisationaler und individueller Akteure selbst als Resultat gesellschaftlicher Institutionalisierungsprozesse. In Bezug auf Anschlüsse an andere soziologische Theorieentwicklungen gilt: Das Programm ist eher durch Offenheit denn durch Abgrenzung gekennzeichnet. Hieraus ergeben sich Lernmöglichkeiten, die gegenwärtig jedoch noch nicht voll ausgeschöpft werden. Aus unserer Sicht sind vor allem zwei Theoriestränge auch für den Neo-Institutionalismus selbst von

Bedeutung. Hierbei handelt es sich um die für die US-amerikanische Diskussion überaus einflussreiche Netzwerksoziologie, die mit Namen wie Granovetter und White verbunden ist. Zum anderen spielen Theorien der Strukturierung, wie sie von Bourdieu und Giddens entwickelt wurden, eine wichtige Rolle. Darüber hinaus identifizieren wir Möglichkeiten der positiven Bezugnahme auf Luhmanns Theorie sozialer Systeme, die bislang im Neo-Institutionalismus, wie in der US-amerikanischen Soziologie generell, allerdings kaum rezipiert wurde.

Was ergibt sich nun aus diesem Vergleich für den Neo-Institutionalismus? Soziologische Netzwerkansätze überlappen sich zwar in vielerlei Hinsicht mit den Konzepten des Neo-Institutionalismus. Ihr elaboriertes methodisches Instrumentarium stellt indes auch für neo-institutionalistische Studien einen zusätzlichen Gewinn dar. Mit den Ansätzen von Giddens und Bourdieu lässt sich der Neo-Institutionalismus stärker für Machtphänomene sensibilisieren als dies bislang der Fall ist. Zudem liefert Bourdieu gute Gründe, Sozialstruktur und Schichtung bei der Analyse von Institutionalisierungsprozessen nicht aus den Augen zu verlieren. Auch hinsichtlich der Auseinandersetzung zwischen Systemtheorie und Neo-Institutionalismus sehen wir wichtige Anknüpfungspunkte. Dies gilt insbesondere für das Verhältnis der gesellschaftsweiten Diffusion institutioneller Vorgaben zur Eigenlogik sozialer Systeme.

Und sonst? Was ergibt sich an praktischen gesellschaftspolitischen Konsequenzen aus der vermittelten Perspektive und aus den gewonnenen Einsichten? Was kommt nach der Entzauberung vorherrschender Grundüberzeugungen rationalen Handelns und vermeintlich rationaler Institutionen? Mit dem kritisch-distanzierten Blick auf Institutionen treten Wertfragen offen zutage. Sie lassen sich nicht mit wissenschaftlichen Methoden und Theorien beantworten, sondern erfordern gesellschaftliche Definitions- und Aushandlungsprozesse. Zu dieser gesellschaftlichen Auseinandersetzung um Institutionen beizutragen, ist deshalb die vielleicht wichtigste Implikation des Neo-Institutionalismus.

1 Hieraus ergibt sich, dass die meisten der in diesem Band verwendeten Zitate im Original englischsprachig sind. Sie wurden von uns übersetzt.

2 Ein – von Schelsky allerdings noch nicht vorgesehenes – Beispiel hierfür sind die Institution der Ehe und die auf die damit verbundenen Probleme bezogene Institution der Scheidung sowie die wiederum auf damit einhergehende Probleme (etwa für die Kinder) bezogene Institutionen des Sorgerechts.

3 Eine solide und unpolemische Darstellung der Geschichte des Institutionalismus in der Soziologie findet sich demgegenüber in Schülein (1987).

4 Vgl. hierzu nur im Vorgriff auf die folgenden Darstellungen den von Powell/DiMaggio (1991) herausgegebenen Sammelband, in dem auch die in Kapitel II vorgestellten ›Meilensteine‹ wiederabgedruckt sind, sowie Scott (1995).

5 Wenngleich übrigens Selznick selbst den Neo-Institutionalismus als Weiterentwicklung des von ihm begründeten Forschungsprogramms stilisiert (vgl. Selznick 1996), konstatieren in bemerkenswerter Übereinstimmung sowohl Neo-Institutionalisten als auch Kritiker des Neo-Institutionalismus einen Traditionsbruch zwischen klassischem und neuem Institutionalismus (den sie freilich sehr unterschiedlich bewerten). Vgl. hierzu DiMaggio/Powell (1991: 12ff.) auf der einen sowie Stinchcombe (1997) auf der anderen Seite.

6 Webers enorme Bedeutung für die neo-institutionalistische Positionsbestimmung kommt beispielsweise darin zum Ausdruck, dass bereits der Titel von DiMaggio/Powell (1983) sich auf Webers (1920: 203ff.) berühmte Metapher des »stahlharten Gehäuses« (in der Parsons-Übersetzung von Weber: »iron cage«) bezieht und der Aufsatz insgesamt auf eine Revision des zugrunde liegenden Modells der modernen kapitalistischen Gesellschaft abzielt. Diese Auseinandersetzung wird in dem Nachfolgeband zu Powell/DiMaggio (1991) fortgeführt (vgl. Powell/Jones 2005).

7 Der Begriff des Mythos wurde ursprünglich von Kulturanthropologen zur Bezeichnung von affektiv-unreflektierten

Deutungssystemen sog. »primitiver Kulturen« verwendet. Jedoch bringt gerade die moderne Gesellschaft eine Vielzahl von Mythen hervor, um angesichts hoher Komplexität Handlungsfähigkeit zu ermöglichen. Aus diesem Grund findet sich der Begriff in zahlreichen Analysen der letzten zwei Jahrzehnte, die insbesondere auf Entscheidungsprozesse in politischen Zusammenhängen und formalen Organisationen bezogen sind. Vgl. hierzu etwa die brillante Analyse verschiedener, konfligierender »Einheitsmythen« im Prozess der deutschen Wiedervereinigung von Wiesenthal (1996). Dieses Beispiel macht besonders deutlich, dass die Attraktivität von Mythen darin besteht, einfache und nicht-hinterfragbare Kausalerklärungen in unübersichtlichen Situationen bereitzustellen: »Im Mythos ist das komplexe Geflecht der beteiligten Variablen und ihrer u.U. zufälligen und flüchtigen Relationen auf markante ›Grundtatsachen‹ reduziert, die einen unkontroversen Sinngehalt suggerieren« (ebd.: 567).

8   Im klassischen Institutionalismus konzentrierte man sich hingegen auf spezifische Vermittlungsmechanismen zwischen Ursache (Institution) und Wirkung (Verhaltensweise). Deshalb wurde Sozialisationsprozessen, die eine Internalisierung von Normen bewirken, oder Anreizen für konformes und Sanktionen für deviantes Verhalten große Aufmerksamkeit zuteil. Weil es im Falle solcher Vermittlungen für den Einzelnen entweder im direkten oder (aufgrund von Anreiz- und Sanktionsstrukturen) im indirekten Interesse ist, Vorgaben zu entsprechen, wurde in der klassischen Variante des Institutionalismus kein hiervon unabhängiger Effekt institutionalisierter Kontexte in Erwägung gezogen.

9   Ausdrücklich weist Zucker darauf hin, dass es bei der Hervorhebung einer unvermittelten und unmittelbaren Wirksamkeit institutioneller Vorgaben nicht um eine integrale Ersetzung sozialisatorischer und anreiz- bzw. sanktionsorientierter Erklärungen regelgeleiteten Verhaltens geht. Das Argument lautet vielmehr, dass Sozialisation/Norminternalisierung und Anreize/Sanktionen die Fälle der Verhaltensabstimmung erklären, in denen es aufgrund eines begrenzten Institutionalisierungsgrades solcher Vermittlungsmechanismen bedarf. In

Fällen hoher Institutionalisiertheit erübrigen sich demgegenüber Sozialisationserfordernisse ebenso wie Anreize und Sanktionen. Alternativen, also die Nicht-Befolgung institutioneller Vorgaben, werden dann im Extremfall gar nicht in Betracht gezogen – sie erscheinen bedeutungslos und undenkbar.

10 Brunsson (1989) beerbt damit Meyer/Rowan (1977), die in analoger Weise klar zwischen der Formal- und Aktivitätsstruktur von Organisationen unterscheiden. Dass diese Erbschaft nicht unproblematisch ist, zeigen die kritischen Einwände gegen dieses Konzept.

11 Zu ähnlichen Ergebnissen gelangen Bette/Schimank (1996) in ihrer Analyse des sportverbandlichen Umgangs mit dem Thema Doping. Die Autoren zeigen, dass widersprüchliche Umwelterwartungen (sowohl Reinheit des Sports als auch Spitzenleistungen und Erfolg) eine Entkopplung von verbandspolitischer Rhetorik und Praxis nahe legen.

12 Ähnliche Ergebnisse werden auch von Seiten des sog. historischen Institutionalismus erzielt (Steinmo et al. 1992). Hinter diesem Etikett verbirgt sich ein Forschungsprogramm, das neo-institutionalistische Einsichten für die vergleichende politikwissenschaftliche Analyse zu nutzen versucht. Mit Hilfe von Fallstudien, die von der Wirtschafts-über die Gesundheitspolitik bis hin zur Transformation des Wohlfahrtsstaates reichen, wird von Steinmo et al. (ebd.) gezeigt, dass ähnliche Ideen in unterschiedlichen nationalstaatlichen Kontexten zu verschiedenen Resultaten führen. Diese Verschiedenheit wird auf historisch gewachsene institutionelle Faktoren zurückgeführt, während spezifische Präferenzen und Interessenlagen nur eine untergeordnete Rolle spielen.

13 Eine griffige deutsche Übersetzung von »world polity« ist nicht möglich. Der politikwissenschaftlichen Trias von »polity«, »policy« und »politics« gemäß unter »polity« die institutionelle Dimension territorial verfasster politischer Systeme zu verstehen, reicht nicht aus, auch wenn diese Dimension in den Politikwissenschaften recht weit gefasst ist. Der »polity«-Begriff der »world-polity«-Forschung geht darüber hinaus, da hiermit, wie im Folgenden erläutert, übergreifende

gesellschaftliche Kultur- und Strukturmuster bezeichnet werden, die weder vor Landesgrenzen noch vor anderen gesellschaftlichen Bereichen Halt machen.

14 Eine deutschsprachige Ausgabe der wichtigsten Texte wird 2005 erscheinen (Meyer 2005).

15 Zu diesen drei Strukturformen vgl. ergänzend Meyer/Jepperson (2000). Eine breitere Darstellung und Diskussion der hiermit verbundenen – und über den hier zu behandelnden Bereich neo-institutionalistischer Politikforschung weit hinausreichenden – theoretischen Überlegungen finden sich in Kap. IV/3.

16 Vgl. hierzu bereits Meyer/Rowan (1977), deren Hauptaussagen in unserem Band in Kap. II/1 zusammengefasst sind.

17 Zur neo-institutionalistischen Annahme der gesellschaftlichen Konstituierung des Individuums vgl. generell Meyer (1987b) sowie Meyer et al. (1994) und Meyer/Jepperson (2000). Zur Konstituierung des Individuums speziell durch Menschen- bzw. Bürgerrechte vgl. Boli (1987).

18 Für neo-institutionalistische Längsschnittuntersuchungen zur »world polity« bieten sich Kausalerklärungen aus methodischen Gründen an, da man solchermaßen eigene und rivalisierende Erklärungsmodelle überprüfen kann. Dies verleiht neo-institutionalistischen Erklärungen einen Härtegrad, der vor allem im Kontakt mit anderen Disziplinen von Bedeutung ist. Checkel (1998: 330f.) bspw. sieht in der methodischen Herangehensweise eine zentrale Stärke der Untersuchung von Finnemore in dem vor allem von politikwissenschaftlichen Theorien und Methoden geprägten Forschungsfeld »Internationale Beziehungen«. Nicht zuletzt aus diesem Grund ist eine Öffnung dieses Bereichs gegenüber der Soziologie zu verzeichnen. Vgl. Katzenstein (1996), dessen Sammelband Beiträge von führenden Vertretern des Bereichs »Internationale Beziehungen« (Katzenstein, Wendt) mit Beiträgen des soziologischen Neo-Institutionalismus (Finnemore, Jepperson, Suchman) zusammenführt.

19 Vgl. ergänzend Shenhav/Kamens (1991). Sie behandeln die Probleme, die der von Finnemore beschriebene Strukturangleichungsprozess für Entwicklungsländer bedeutet. Die Au-

toren stellen sich in ihrer neo-institutionalistischen Analyse auch normativen Fragestellungen, deren Vernachlässigung Kritiker des Neo-Institutionalismus oft hervorheben.

20 Spätestens an dieser Stelle wird deutlich, dass nicht nur Max Weber, sondern auch Michel Foucault beim »world-poli-ty«-Konzept Pate gestanden hat. Seine vielfältigen Analysen zur gesellschaftlichen Konstituierung des Individuums in wissenschaftlichen und anderen Diskursen werden in Drori et al. (2003) zumindest am Rande erwähnt, in Meyers ein-schlägigen Arbeiten zum Thema (vgl. etwa Meyer 1987b) hingegen überhaupt nicht. Die Innovativität der »world-poli-ty«-Forschung gegenüber ihren intellektuellen Vorläufern besteht vor allem in der methodisch-quantitativen Ausrich-tung. Sie erlaubt es, die Annahme umfassender gesellschaft-licher Rationalisierungsprozesse auf die eigenen Arbeiten anzuwenden und diese rigoros dem mit Rationalisierungs-prozessen einhergehenden Quantifizierungsdruck zu unter-werfen. Diese Ausrichtung ist dem intellektuellen Kontext der US-amerikanischen Sozialwissenschaften und dem dort vorherrschenden positivistischen Selbstverständnis geschul-det. Zu den Bezügen zwischen Neo-Institutionalismus und den Arbeiten Foucaults vgl. Krücken (2002: 248ff.).

21 Zu Letzterem vgl. die Fallstudien in Katzenstein (1996).

22 Dass dies möglich ist, zeigt u.a. Engels (2003) mit ihrer Un-tersuchung zur Übernahme globaler Klimaschutzprogram-me im westafrikanischen Senegal. Vor allem auf der Grund-lage von qualitativen Interviews und Dokumentenanalysen arbeitet sie die nationalstaatliche Kontextuierung globaler Vorgaben in einem Entwicklungsland heraus. Indem Engels insbesondere die »Empfängerseite« von Diffusionsprozessen in den Mittelpunkt stellt, wird sichtbar, dass, anders als in den auf hoch aggregierten Daten basierenden »world-polity«-Studien, die durch internationale Organisationen vorange-triebene Diffusion westlicher Kultur- und Strukturmuster ein konfliktreicher Vorgang ist. Dieser provoziert vielfältige Wi-derstände, führt zu kontextspezifischen Übernahme- und Aneignungsmustern und bringt hybride Ergebnisse hervor. In eine ähnliche Richtung gehen die Arbeiten in Djelic/

Quack (2003), hier allerdings primär mit Bezug auf entwickelte Industrienationen.

23 Mit Bezug auf die auf DiMaggio/Powell (1983) zurückverweisende These isomorpher Strukturentwicklung lässt sich noch einmal betonen: Standards und Ideale werden weniger von »der gesellschaftlichen Umwelt im Allgemeinen« als vielmehr von relevanten Professionen, von politischen Vorgaben sowie von anderen Angehörigen organisatorischer Felder (also von den Unternehmen, die man als Konkurrenten erachten kann) zur Verfügung gestellt. Es handelt sich jeweils um Muster, die durch die von ihnen betroffenen Organisationen mitgestaltet werden. Das ist im Falle von organisatorischen Feldern offensichtlich. Diese Vorgaben entstehen durch nichts anderes als durch die hiervon betroffenen Organisationen. Es gilt aber auch für professionale Standards und für politische Vorgaben (vgl. Fligstein 1996).

24 Dabei ist einerlei, ob Institutionen freiwillig gebildet werden, indem sich die Beteiligten festlegen, um Konflikte zu vermeiden und Kooperation zu ermöglichen, oder ob sie von einem Herrscher anderen (den Beherrschten) oktroyiert werden, um Gefolgschaft zu sichern. Jeweils, d.h. im Falle des Abkommens zwischen Beteiligten und im Falle des Zwangs durch einen Herrscher, ist die Entstehung und Durchsetzung von Institutionen ein bewusst vorangetriebener Prozess, durch den bestimmte Verhaltensweisen sichergestellt und andere verhindert werden sollen. Ebenfalls hat die Befolgung institutioneller Vorgaben instrumentellen Charakter, sofern beide Aspekte, die Sanktionierung von Devianz und die Belohnung von Konformität, institutionalisierte Verhaltensweisen nahe legen.

25 Es gibt aber durchaus unterschiedliche Gewichtungen: Während DiMaggio (1988) und Dobbin (1994a) beispielsweise Interessen und strategischen Orientierungen der Akteure einen hohen Stellenwert einräumen, argumentieren Zucker (1977, 1988b) oder Scott/Meyer (1994a: 4) eher in Anlehnung an die Wissenssoziologie und betonen die nicht-bewusste und daher nicht hintergehbare Vereinnahmung gesellschaftlicher Akteure durch institutionelle Vorgaben. Vgl.

hierzu auch die späteren Ausführungen in Kap. IV/3 zur Konstitution gesellschaftlicher Akteure.

26 Zuweilen ist diese Innen-Außen-Differenz nicht einmal eindeutig. So gibt es gesetzliche Regulative und professionale Normen, soziale Erwartungen und Ideale, die sowohl von außen herangetragen als auch intern repräsentiert werden, indem in Reaktion auf die jeweiligen Erwartungszusammenhänge spezialisierte Abteilungen ausgebildet werden (vgl. Feldman/March 1981).

27 So demonstriert beispielsweise Abbott (1988) eindrucksvoll, dass allein die Vorgaben rivalisierender Professionen oftmals nicht miteinander in Einklang zu bringen sind. Die Folge davon ist, dass, selbst wenn man es wollte, und unter der extremen Annahme perfekter Sozialisation und Überwachung, sich das Schema von Norm und Abweichung nicht einhalten lässt, weil die Gesamtheit der Normen nicht zwangsläufig homogen ist.

28 Vgl. auch Anmerkung 20.

29 Für einen Versuch der Annäherung zwischen Neo-Institutionalismus und Rational Choice vgl. jedoch Brinton/Nee (1998).

30 Die auf den Bereich der Wissenschaft bezogene Netzwerkdiskussion fasst hierunter die rapide Zunahme transnationaler Forschungskooperationen (Leclerc/Gagné 1994), die enge Kopplung zwischen wissenschaftlichen Forschungseinrichtungen und ihren politischen und wirtschaftlichen Umwelten (Hasse 1996) sowie die Verschmelzung von menschlichen und nicht-menschlichen Entitäten in hybriden Akteursnetzwerken (Latour 1995). Netzwerke in der Politik werden hinsichtlich der Frage behandelt, ob und mit welchen theoretischen und praktischen Konsequenzen Politiknetzwerke als »dritter Weg« jenseits hierarchischer staatlicher Steuerung und gesellschaftlicher Selbstorganisation zu verstehen sind. Vgl. aus dieser umfangreichen Diskussion nur die Sammelbände von Marin/Mayntz (1991) und Jansen/Schubert (1995).

31 Der paradigmatische Fall für die Beschreibung des Ineinandergreifens von Prozessen der Nachahmung und Abgren-

zung ist die Mode. Für eine Verknüpfung modesoziologischer Einsichten mit grundlegenden organisationssoziologischen Fragestellungen vgl. Czarniawska/Joerges (1996).

32   Dies war auch ein zentrales Anliegen des eingangs als ›Meilenstein‹ vorgestellten Beitrags von Zucker (1977).

33   Homans' Interesse gilt primär solchen Verhaltensweisen, die nicht durch sozialisatorisch bedingte Norminternalisierung reguliert sind. Es ist Homans zufolge »sub-institutionellen« oder »elementaren Formen des Verhaltens« vorbehalten, innovative Formen sozialen Wandels anzuregen. »Manchmal bringen die großen Rebellionen und Revolutionen, die die institutionelle Kruste durchbrechen, elementares Verhalten heiß und geradewegs aus der Spalte hervor« (Homans 1961: 111). Homans' zentrales Thema ist die Erklärung elementaren Verhaltens mit Hilfe sehr weniger sozialpsychologischer Annahmen. Die Idee einer nicht-vergesellschafteten »freien« Sphäre sozialen Handelns findet sich auf vergleichbare Weise in einem der theoretisch ambitioniertesten Beiträge zur soziologischen Netzwerktheorie, nämlich in Harrison C. Whites »Identity and Control« (1992); hier ist es die sog. »fresh action«, die sich gegen die Verkrustungen institutioneller Vorgaben behaupten muss (ebd.: 254ff.).

34   Für eine Kontextierung eines derartig umfassenden Kulturverständnisses im Rahmen der soziologischen Tradition vgl. Reckwitz (1997: 319ff.); für eine Erörterung der methodischen Implikationen dieses Kulturverständnisses vgl. den wegweisenden Beitrag von Jepperson/Swidler (1994).

35   Ein solcher Zusammenbruch würde dann gemäß der zuvor referierten Netzwerksoziologie »elementare Formen des Verhaltens« (Homans 1961) oder »fresh action« im Sinne von White (1992: 254ff.) ermöglichen.

36   Die erstgenannte, grundlegende Position kann man daran ablesen, dass Luhmanns Ansatz in den beiden wichtigsten theoretischen Beiträgen zur neo-institutionalistischen Standortbestimmung (DiMaggio/Powell 1991; Scott 1995 bzw. 2001) mit keinem Wort erwähnt wird. Die letztgenannte Einschätzung geht auf eine persönliche Mitteilung von John W. Meyer zurück.

37 Von systemtheoretischer Seite findet eine verstärkte Rezeption des Neo-Institutionalismus in Arbeiten zum Verhältnis von Organisation und Gesellschaft (Tacke 1999) sowie zum Thema »Weltgesellschaft« (Stichweh 2000) statt. Für den Versuch, Anknüpfungspunkte zu beiden Themen aus Sicht des Neo-Institutionalismus zu skizzieren, vgl. Hasse/Krücken (2005).

38 Diese Abkehr ist auf zwei grundlegende Umbauten am Fundament der soziologischen Systemtheorie Talcott Parsons' zurückzuführen, die Luhmann in den 1970er Jahren vornahm: Erstens wird der Handlungsbegriff als Grundelement der Theorie durch den der Kommunikation ersetzt. Damit entfällt die Notwendigkeit, dem Handlungsbegriff einen übergreifenden Strukturbegriff wie den der Institution gegenüberzustellen. Zweitens arbeitet Luhmann immer deutlicher das eigenlogische Operieren sämtlicher sozialer Systeme heraus. Hieran zerbricht die Annahme prinzipiell grenzenloser und gesellschaftsweit stattfindender Institutionalisierungsprozesse.

39 Die Brisanz und Eigenständigkeit dieser Theorieanlage wird deutlicher, wenn man sie als Gegenentwurf zu grundlegenden theoretischen Konzepten in der Soziologie liest. Mit der scharfen Unterscheidung der drei Systembildungsebenen wendet sich Luhmann gegen all die Theorietraditionen, die perspektivisch-verengend jeweils einer Ebene den theoretischen Primat zuschreiben. Konkret wird erstens die interaktionistischen Ansätzen zugrunde liegende Vorstellung eines sinnhaften Aufbaus gesellschaftlicher Bereiche »von unten nach oben« zurückgewiesen. Zweitens sind theoretische Konzepte, welche die gesellschaftliche Strukturierung im Wesentlichen über die Entstehung und Entwicklungsdynamik von Organisationen zu erklären versuchen, aus Luhmanns Perspektive unterkomplex. Und drittens schließlich wird die Annahme der Deduzierbarkeit sämtlicher sozialer Phänomene aus den Makrostrukturen »der Gesellschaft« verworfen.

Literatur

Abbott, Andrew (1988): *A System of Professions*, Chicago/IL: University of Chicago Press.

Anderson, Bo/Willer, David (1981): »Introduction«. In: dies. (Hg.), *Networks, Exchange, and Coercion. The Elementary Theory and its Applications*, New York/NY: Elsevier, S. 1-21.

Baecker, Dirk (2001): *Wozu Kultur?* Berlin: Kadmos.

Barley, Steven R./Tolbert, Pamela S. (1997): »Institutionalization and Structuration: Studying the Links between Action and Institution«. *Organization Studies* 18, S. 93-117.

Baron, James N./Dobbin, Frank/Jennings, P. Devereaux (1986): »War and Peace: The Evolution of Modern Personal Administration in U.S. Industry«. *American Journal of Sociology* 92, S. 350-383.

Bauman, Zygmunt (1992): *Moderne und Ambivalenz. Das Ende der Eindeutigkeit*, Hamburg: Junius.

Beck, Ulrich/Giddens, Anthony/Lash, Scott (1994): *Reflexive Modernization*, Cambridge: Polity Press.

Berger, Peter L./Luckmann, Thomas (1967): *The Social Construction of Reality*, New York/NY: Doubleday (dt. Übersetzung 1969).

Bette, Karl-Heinz/Schimank, Uwe (1996): »Coping mit Doping: die Sportverbände im Organisationsstreß«. *Sportwissenschaft* 26, S. 357-382.

Boli, John (1987): »Human Rights or State Expansion? Cross-National Definitions of Constitutional Rights, 1870-1970«. In: Thomas/Meyer/Ramirez/Boli (Hg.) 1987, S. 133-149.

Boli, John/Thomas, George M. (1997): »World Culture in the World Polity: A Century of International Non-Governmental Organization«. *American Sociological Review* 62, S. 171-190.

Boli, John/Thomas, George M. (1999): *World Polity Formation since 1875: World Culture and International Non-Governmental Organizations*, Stanford: Stanford University Press.

Boudon, Raymond (1980): *Die Logik des gesellschaftlichen Handelns*, Neuwied: Luchterhand.

Bourdieu, Pierre (1979): *Theorie der Praxis*, Frankfurt/M.: Suhrkamp.

Bourdieu, Pierre (1982): *Die feinen Unterschiede*, Frankfurt/M.: Suhrkamp.

Bourdieu, Pierre (1985): *Sozialer Raum und ›Klasse‹*, Frankfurt/M.: Suhrkamp.

Bourdieu, Pierre (1987): *Sozialer Sinn. Kritik der theoretischen Vernunft*, Frankfurt/M.: Suhrkamp.

Bourdieu, Pierre et al. (1981): *Titel und Stelle. Über die Reproduktion sozialer Macht*, Frankfurt/M.: EVA.

Bourdieu, Pierre/Chamboredon, Jean-Claude/Passeron, Jean Claude (1991): *Soziologie als Beruf: Wissenschaftstheoretische Voraussetzungen soziologischer Erkenntnis*, Berlin: de Gruyter.

Bourdieu, Pierre/Wacquant, Luc (1992): *An Invitation to Reflexive Sociology*, Chicago/IL: Chicago University Press.

Brinton, Mary C./Nee, Victor (Hg.) (1998): *The New Institutionalism in Sociology*, New York/NY: Sage.

Brunsson, Nils (1989): *The Organization of Hypocrisy: Talk, Decisions and Actions in Organizations*, Chichester et al.: Wiley.

Brunsson, Nils/Olsen, Johan P. (1993): *The Reforming Organization*, Chichester et al.: Wiley.

Burt, Ronald S. (1992): *Structural Holes. The Social Structure of Competition*, Cambridge/MA: Harvard University Press.

Burt, Ronald S. (1993): »The Social Structure of Competition«. In: Swedberg (Hg.) 1993, S. 65-103.

Calhoun, Craig (1995): *Critical Social Theory*, Oxford: Blackwell.

Chandler, Alfred D. (1962): *Strategy and Structure: Chapters in the History of the American Industrial Enterprise*, Cambridge/MA: MIT Press.

Chandler, Alfred D. (1977): *The Visible Hand: The Managerial Revolution in American Business*, Cambridge/MA: Harvard University Press.

Checkel, Jeffrey T. (1998): »The Constructivist Turn in International Relations Theory«. *World Politics* 50, S. 324-348.

Cicourel, Aaron (1992): »Aspects of Structural and Processual Theories of Knowledge«. In: Calhoun, Craig (Hg.), *Bourdieu: Critical Perspectives*, Cambridge: Polity Press, S. 89-115.

Coleman, James S. (1990): *Foundations of Social Theory*, Cambridge/MA: Harvard University Press.

Coleman, James S./Katz, Elihu/Menzel, Herbert (1966): *Medical Innovation*, Indianapolis: Bobbs-Merrill.

Cook, Karen S./Whitmeyer, Joseph M. (1992): »Two Approaches to Social Structure: Exchange Theory and Network Analysis«. *Annual Review of Sociology* 18, S.109-127.

Cyert, Richard M./March, James G. (1963): *A Behavioral Theory of the Firm*, Englewood Cliffs/NJ: Prentice-Hall.

Czarniawska, Barbara/Joerges, Bernward (1996): »Travels of Ideas. Organizational Change as Translation«. In: Czarniawska, Barbara/Sevón, Guje (Hg.), *Translating Organizational Change*, Berlin, New York/NY: de Gruyter, S. 13-48.

D'Andrade, Roy G. (1995): *The Development of Cognitive Anthropology*, Cambridge/MA: Cambridge University Press.

Dahrendorf, Ralf (1967): *Pfade aus Utopia. Arbeiten zur Theorie und Methode der Soziologie*, München: Piper.

DiMaggio, Paul J. (1977): »Market Structure, the Creative Process, and Popular Culture«. *Journal of Popular Culture* 11, S. 436-452.

DiMaggio, Paul J. (1982): »Cultural Entrepreneurship in Nineteenth-Century Boston, Part I: The Creation of an Organizational Base for High Culture in America«. *Media, Culture and Society* 4, S. 33-50.

DiMaggio, Paul J. (1986): »Support for the Arts from Private Foundations«. In: ders. (Hg.), *Nonprofit Enterprise in the Arts*, New York/NY: Oxford University Press, S. 113-139.

DiMaggio, Paul J. (1988): »Interest and Agency in Institutional Theory«. In: Zucker (Hg.) 1988a, S. 3-21.

DiMaggio, Paul J. (1989): »Foreword«. In: Meyer/Zucker (Hg.) 1989, S. 7-11.

DiMaggio, Paul J. (1991): »Constructing an Organizational Field as a Professional Project: U.S. Art Museums«. In: Powell/DiMaggio (Hg.) 1991, S. 267-299.

DiMaggio, Paul J. (1994): »Culture and Economy«. In: Smelser/Swedberg (Hg.) 1994, S. 27-57.

DiMaggio, Paul J. (2001): »Introduction: Making Sense of the Contemporary Firm and Prefiguring its Future«. In: ders. (Hg.), *The Twenty-First Century Firm*, Princeton/NJ: Princeton University Press, S. 3-30.

DiMaggio, Paul J./Louch, Hugh (1998): »Socially Embedded Consumer Transactions: For What Kinds of Purchases Do People Most Often Use Networks?« *American Sociological Review* 63, S. 619-637.

DiMaggio, Paul J./Powell, Walter W. (1983): »The Iron Cage Revisited: Institutional Isomorphism and Collective Rationality in Organizational Fields«. *American Sociological Review* 48, S. 147-160.

DiMaggio, Paul J./Powell, Walter W. (1991): »Introduction«. In: Powell/DiMaggio (Hg.) 1991, S. 1-38.

Djelic, Marie-Laure/Quack, Sigrid (Hg.) (2003): *Globalization and Institutions. Redefining the Rules of the Economic Game*, Cheltenham: Edward Elgar.

Dobbin, Frank R. (1994a): »Cultural Models of Organization: The Social Construction of Rational Organizing Principles«. In: Crane, Diana (Hg.), *The Sociology of Culture*, Oxford: Blackwell, S. 117-142.

Dobbin, Frank R. (1994b): *Forging Industrial Policy. The United States, Britain, and France in the Railway Age*, Cambridge, New York/NY: Cambridge University Press.

Dobbin, Frank R./Sutton, John R./Meyer, John W./Scott, W. Richard (1994): »Equal Opportunity Law and the Construction of Internal Labor Markets«. In: Scott/Meyer (Hg.) 1994a, S. 272-300.

Douglas, Mary (1986): *How Institutions Think*, Syracuse/NY: Syracuse University Press.

Drori, Gili/Meyer, John W./Ramirez, Francisco O./Schofer, Evan (2003): *Science in the Modern World Polity. Institutionalization and Globalization*, Stanford/CA: Stanford University Press.

Durkheim, Émile (1980): *Die Regeln der soziologischen Methode. Herausgegeben und eingeleitet von René König*, Neuwied: Luchterhand.

Elias, Norbert (1969): *Über den Prozeß der Zivilisation. Soziogenetische und psychogenetische Untersuchungen*, 2 Bde., Bern: Francke.

Engels, Anita (2003): *Die geteilte Umwelt. Ungleichheit, Konflikt und ökologische Selbstgefährdung in der Weltgesellschaft. Mit einer Fallstudie zu Senegal*, Weilerswist: Velbrück Wissenschaft.

Evans, Peter B./Rueschemeyer, Dietrich/Skocpol, Theda (Hg.) (1985): *Bringing the State Back In*, Cambridge: Cambridge University Press.

Feldman, Martha S./March, James G. (1981): »Information as Symbol and Signal«. *Administrative Science Quarterly* 26, S. 171-186.

Finnemore, Martha (1996): *National Interests in International Society*, Ithaka/NY, London: Cornell University Press.

Fligstein, Neil (1990): *The Transformation of Corporate Control*, Cambridge/MA: Harvard University Press.

Fligstein, Neil (1996): »Markets as Politics. A Political and Cultural Approach to Market Institutions«. *American Sociological Review* 61, S. 656-673.

Fligstein, Neil (2001): *The Architecture of Markets: An Economic Sociology of Capitalist Societies*, Princeton/NJ: Princeton University Press.

Frank, David/Meyer, John (2002): »The Profusion of Individual Roles in the Postwar Period«. *Sociological Theory* 20, S. 86-105.

Friedland, Roger R./Alford, Robert R. (1991): »Bringing Society Back In: Symbols, Practices, and Institutional Contradictions«. In: Powell/DiMaggio (Hg.) 1991, S. 232-262.

Garfinkel, Harold (1967): *Studies in Ethnomethodology*, Englewood Cliffs/NJ: Prentice Hall.

Geertz, Clifford (1973): *The Interpretations of Cultures*, New York/NY: Basic Books.

Giddens, Anthony (1979): *Central Problems in Social Theory*, Berkeley/CA: University of California Press.

Giddens, Anthony (1984): *The Constitution of Society*, Berkeley/CA: University of California Press.

Giddens, Anthony (1990): *The Consequences of Modernity*, Cambridge: Polity Press.

Gouldner, Alvin (1974): *Die westliche Soziologie in der Krise*, 2 Bde., Reinbek: Rowohlt.

Granovetter, Mark (1973): »The Strength of Weak Ties«. *American Journal of Sociology* 78, S. 1360-1380.

Granovetter, Mark (1985): »Economic Action and Social Structure. The Problem of Embeddedness«. *American Journal of Sociology* 91, S. 481-510.

Granovetter, Mark/Swedberg, Richard (Hg.) (1992): *The Sociology of Economic Life*, Boulder/CO: Westview Press.

Guillén, Mauro F./Collins, Randall/England, Paula/Meyer, Marshall (Hg.) (2002): *The New Economic Sociology*, New York/NY: Sage.

Han, Shin-Kap (1994): »Mimetic Isomorphism and its Effect on the Audit Services Market«. *Social Forces* 73, S. 637-663.

Harmon, Roy L. (1993): *Das Management der modernen Fabrik. Lean production in der Praxis*, Frankfurt/M., New York/NY: Campus.

Hasse, Raimund (1996): *Organisierte Forschung. Arbeitsteilung, Wettbewerb und Networking in Wissenschaft und Technik*, Berlin: Sigma.

Hasse, Raimund (2003a): *Wohlfahrtspolitik und Globalisierung. Zur Diffusion der World Polity durch Organisationswandel und Wettbewerbsorientierung*, Opladen: Leske + Budrich.

Hasse, Raimund (2003b): *Die Innovationsfähigkeit der Organisationsgesellschaft*, Opladen: Westdeutscher Verlag.

Hasse, Raimund/Japp, Klaus Peter (1997): »Dynamik symbolischer Organisationspolitik«. In: Birke, Martin et al. (Hg.), *Handbuch Umweltschutz und Organisation*, München: Oldenbourg, S. 134-162.

Hasse, Raimund/Krücken, Georg (2005): »Das Verhältnis von Organisation und Gesellschaft in Theorien der Weltgesellschaft. Eine kritische Weiterentwicklung systemtheoretischer und neo-institutionalistischer Forschungsperspektiven«. *Zeitschrift für Soziologie*, Sonderheft »Weltgesellschaft« (im Erscheinen).

Hasse, Raimund/Wehner, Josef (1997): »Vernetzte Kommunikation. Zum Wandel strukturierter Öffentlichkeit.« In: Becker, Barbara/Paetau, Michael (Hg.), *Virtualisierung des Sozialen. Die Informationsgesellschaft zwischen Fragmentierung und Globalisierung*, Frankfurt /M., New York/NY: Campus, S. 53-80.

Haveman, Heather A. (1993): »Follow the Leader. Mimetic Isomorphism and Entry into New Markets«. *Administrative Science Quarterly* 38, S. 593-627.

Hirsch, Paul M./Lounsbury, Michael (1997): »Ending the Family Quarrel. Toward a Reconciliation of ›Old‹ and ›New‹ Institutionalism«. *American Behavioral Scientist* 40, S. 406-418.

Hirschman, Albert O. (1977): *The Passions and the Interests: Political Arguments for Capitalism before its Triumph*, Princeton/NJ: Princeton University Press.

Hodgson, Geoffrey M. (1988): *Economics and Institutions*, Philadelphia/PA: University of Pennsylvania Press.

Hodgson, Geoffrey M. (1994): »The Return of Institutional Economics«. In: Smelser/Swedberg (Hg.) 1994, S. 58-75.

Hollingsworth, J. Rogers/Boyer, Raymond (1997): *Contemporary Capitalism. The Embeddedness of Institutions,* Cambridge: Cambridge University Press.

Homans, George C. (1961): *Social Behavior: Its Elementary Forms*, London: Routledge.

Jacobs, Robert C./Campbell, Donald T. (1961): »The Perpetuation of an Arbitrary Tradition through Successive Generations of a Laboratory Microculture«. *Journal of Abnormal and Social Psychology* 62, S. 649-658.

Jansen, Dorothea/Schubert, Klaus (Hg.) (1995): *Netzwerke und Politikproduktion: Konzepte, Methoden, Perspektiven*, Marburg: Schüren.

Jarillo, J. Carlos (1993): *Strategic Networks. Creating the Borderless Organization*, Oxford: Butterworth-Heinemann.

Jepperson, Ronald (1991): »Institutions, Institutional Effects, and Institutionalization«. In: Powell/DiMaggio (Hg.) 1991, S. 143-163.

Jepperson, Ronald/Swidler, Ann (1994): »What Properties of Culture Should We Measure?«. *Poetics* 22, S. 359-371.

Katzenstein, Peter J. (Hg.) (1996): *The Culture of National Security. Norms and Identity in World Politics*, New York/NY: Columbia University Press.

Khagram, Sanjeev/Riker, James V./Sikkink, Kathryn (Hg.) (2002): *Restructuring World Politics. Transnational Social Movements, Networks, and Norms*, Minneapolis/MN: University of Minnesota Press.

Kirby, Eric G./Kirby, Susan L. (1996): »On the Diffusion of International Social Values: Institutionalization and Demographic Transition«. *Social Science Quarterly* 77, S. 289-300.

Krais, Beate/Gebauer, Gunter (2002): *Habitus*, Bielefeld: transcript Verlag.

Krücken, Georg (2002): »Amerikanischer Neo-Institutionalismus – europäische Perspektiven«. *Sociologia Internationalis* 40, S. 227-259.

Krücken, Georg (2003): »Learning the ›New, New Thing‹: On the Role of Path Dependency in University Structures«. *Higher Education* 46, S. 315-339.

Krücken, Georg (2005): »Der ›world polity‹-Ansatz in der Globalisierungsdiskussion: Grundzüge und Perspektiven eines sozialtheoretischen Forschungsprogramms«. Einleitung zu: Meyer (2005).

Krücken, Georg/Meier, Frank (2003): »Wir sind alle überzeugte Netzwerktäter«. *Soziale Welt* 54, S. 71-92.

Lant, Theresa K./Baum, Joel (1995): »Cognitive Sources of Socially Constructed Competitive Groups«. In: Scott/Christensen (Hg.) 1995, S. 15-38.

Latour, Bruno (1995): *Wir sind nie modern gewesen. Versuch einer symmetrischen Anthropologie*, Berlin: Akademie Verlag.

Leclerc, Michel/Gagné, Jean (1994): »International Scientific Cooperation: The Continentalization of Science«. *Scientometrics* 31, S. 261-292.

Luhmann, Niklas (1965): *Grundrechte als Institution. Ein Beitrag zur politischen Soziologie*, Berlin: Duncker & Humblot.

Luhmann, Niklas (1970): »Institutionalisierung – Funktion und Mechanismus im sozialen System der Gesellschaft«. In: Schelsky (Hg.) 1970b, S. 27-41.

Luhmann, Niklas (1984): *Soziale Systeme. Grundriß einer allgemeinen Theorie*, Frankfurt/M.: Suhrkamp.

Luhmann, Niklas (1986): *Ökologische Kommunikation. Kann die moderne Gesellschaft sich auf ökologische Gefährdungen einstellen?* Opladen: Westdeutscher Verlag.

Luhmann, Niklas (1996): *Die Realität der Massenmedien. 2., erweiterte Auflage*, Opladen: Westdeutscher Verlag.

Luhmann, Niklas (1997): *Die Gesellschaft der Gesellschaft*. 2 Bde., Frankfurt/M.: Suhrkamp.

Luhmann, Niklas (2000): *Organisation und Entscheidung*, Opladen: Westdeutscher Verlag.

Mahnkopf, Birgit (1994): »Markt, Hierarchie und soziale Beziehungen. Die Bedeutung reziproker Beziehungsnetzwerke in modernen Marktgesellschaften«. In: Beckenbach, Nils/van Treeck, Werner (Hg.), *Umbrüche gesellschaftlicher Arbeit* (Soziale Welt, Sonderband 9), Göttingen: Schwartz, S. 65-84.

March, James G./Olsen, Johan P. (1976): *Ambiguity and Choice in Organizations*, Bergen: Universitetsforlaget.

March, James G./Olsen, Johan P. (1989): *Rediscovering Institutions. The Organizational Basis of Politics*, New York/NY: Free Press.

Marin, Bernd/Mayntz, Renate (Hg.) (1991): *Policy Networks. Empirical Evidence and Theoretical Considerations*, Frankfurt/M., New York/NY: Campus.

McNeely, Connie L. (1995): *Constructing the Nation State*, Westport/CT: Greenwood Press.

Merton, Robert K. (1976): *Sociological Ambivalence and other Essays*, New York/NY: Free Press.

Meyer, John W. (1987a): »The World Polity and the Authority of the Nation-State«. In: Thomas/Meyer/Ramirez/Boli (Hg.) 1987, S. 41-70.

Meyer, John W. (1987b): »Self and Life Course: Institutionalization and Its Effects«. In: Thomas/Meyer/Ramirez/Boli (Hg.) 1987, S. 242-260.

Meyer, John W. (1992): »Conclusion: Institutionalization and the Rationality of Formal Organizational Structure«. In: Meyer, John W./Scott, W. Richard (Hg.), *Organizational Environments. Ritual and Rationality* (Updated Edition), Beverly Hills/CA: Sage, S. 261-282.

Meyer, John W. (1994a): »Rationalized Environments«. In: Scott/Meyer (Hg.) 1994, S. 28-54.

Meyer, John W. (1994b): »Social Environments and Organizational Accounting«. In: Scott/Meyer (Hg.) 1994, S. 121-136.

Meyer, John W. (2005): *Weltkultur: Wie die westlichen Prinzipien die Welt durchdringen.* Herausgegeben und eingeleitet von Georg Krücken, Frankfurt/M.: Suhrkamp (im Erscheinen).

Meyer, John W./Boli, John/Thomas, George M. (1994): »Ontology and Rationalization in the Western Cultural Account«. In: Scott/Meyer (Hg.) 1994, S. 9-26 (dt. Übersetzung in: Meyer 2005).

Meyer, John W./Frank, David/Hironaka, Ann/Schofer, Evan/Tuma, Nancy (1997a): »The Structuring of a World Environmental Regime, 1870-1990«. *International Organization* 51, S. 623-651 (dt. Übersetzung in: Meyer 2005).

Meyer, John W./Boli, John/Thomas, George M./Ramirez, Francisco O. (1997b): »World Society and the Nation State«. *American Journal of Sociology* 103, S. 144-181 (dt. Übersetzung in: Meyer 2005).

Meyer, John W./Jepperson, Ronald (2000): »The ›Actors‹ of Modern Society: The Cultural Construction of Social Agency«. *Sociological Theory* 18, S. 100-120 (dt. Übersetzung in: Meyer 2005).

Meyer, John W./Rowan, Brian (1977): »Institutionalized Organizations: Formal Structures as Myth and Ceremony«. *American Journal of Sociology* 83, S. 340-363.

Meyer, John W./Scott, W. Richard (Hg.) (1983): *Organizational Environments. Ritual and Rationality,* Beverly Hills/CA: Sage.

Meyer, John W./Scott, W. Richard/Cole, Sally/Intili, Jo-Ann (1978): »Instructional Dissensus and Institutional Consensus in Schools«. In: Meyer, Marshall W. (Hg.), *Environments and Organizations,* San Francisco/CA: Jossey-Bass, S. 233-263.

Meyer, Marshall W./Zucker, Lynne G. (1989): *Permanently Failing Organizations,* Newbury Park/CA: Sage.

Mezias, Stephen J. (1990): »An Institutional Model of Organizational Practice. Financial Reporting at the Fortune 200«. *Administrative Science Quarterly* 35, S. 431-457.

Mezias, Stephen J. (1995): »Using Institutional Theory for Understanding the For Profit-Sector«. In: Scott/Christensen (Hg.) 1995, S. 264-296.

Mizruchi, Mark S. (1994): »Social Network Analysis: Recent Achievements and Current Controversies«. *Acta Sociologica* 37, S. 329-343.

Mizruchi, Mark S./Fein, Lisa C. (1999): »The Social Construction of Organizational Knowledge. A Study of the Uses of Coercive, Mimetic, and Normative Isomorphism«. *Administrative Science Quarterly* 44, S. 653-683.

Monahan, Susanne C./Meyer, John W./Scott, W. Richard (1994): »Employee Training: The Expansion of Organizational Citizenship«. In: Scott/Meyer (Hg.) 1994, S. 255-271.

North, Douglass C. (1988): *Theorie des institutionellen Wandels. Eine neue Sicht der Wirtschaftsgeschichte*, Tübingen: Mohr Siebeck.

Oliver, Christine (1992): »The Antecedents of Deinstitutionalization«. *Organization Studies* 13, S. 563-588.

Ortmann, Günther/Sydow, Jörg/Windeler, Arnold (1997a): »Organisation als reflexive Strukturation«. In: dies. (Hg.) 1997b, S. 315-354.

Ortmann, Günther/Sydow, Jörg/Windeler, Arnold (Hg.) (1997b): *Theorien der Organisation. Die Rückkehr der Gesellschaft*, Opladen: Westdeutscher Verlag.

Parsons, Talcott (1986): *Aktor, Situation und normative Muster*, Frankfurt/M.: Suhrkamp.

Parsons, Talcott (1990): »Prolegomena to a Theory of Social Institutions«. *American Sociological Review* 55, S. 319-333.

Perrow, Charles (1985): »Review Essay: Overboard with Myth and Symbols«. *American Journal of Sociology* 91, S. 151-155.

Perrow, Charles (1989): »Eine Gesellschaft von Organisationen«. *Journal für Sozialforschung* 29, S. 3-19.

Perrow, Charles (2002): *Organizing America. Wealth, Power, and the Origins of Corporate Capitalism*, Princeton/NJ: Princeton University Press.

Polanyi, Karl (1978): *The Great Transformation*, Frankfurt/M.: Suhrkamp.

Powell, Walter W. (1983): »New Solutions to Perennial Problems of Bookselling: Whither the Local Bookstore?« *Daedalus* 112, S. 51-64.

Powell, Walter W. (1985): *Getting into Print: The Decision Making in Scholary Publishing*, Chicago/IL: University of Chicago Press.

Powell, Walter W. (1990): »Neither Market Nor Hierarchy. Network Forms of Organization«. In: Cummings, Larry L./Shaw, Barry M. (Hg.), *Research in Organizational Behavior*, Vol. 12, Greenwich/CT: JAI Press, S. 295-336.

Powell, Walter W. (1991): »Expanding the Scope of Institutional Analysis«. In: Powell/DiMaggio (Hg.) 1991, S. 183-203.

Powell, Walter W. (2001): »The Capitalist Firm in the Twenty-First Century. Emerging Patterns in Western Enterprise.«. In: DiMaggio, Paul J. (Hg.), *The Twenty-First Century Firm*, Princeton/NJ: Princeton University Press, S. 33-68.

Powell, Walter W./DiMaggio, Paul J. (Hg.) (1991): *The New Institutionalism in Organizational Analysis*, Chicago/IL, London: University of Chicago Press.

Powell, Walter W./Jones, Daniel (Hg.) (voraussichtlich 2005): *How Institutions Change*, Chicago/IL, London: University of Chicago Press.

Powell, Walter W./Smith-Doerr, Laurel (1994): »Networks in Economic Life«. In: Smelser/Swedberg (Hg.) 1994, S. 368-402.

Powell, Walter W./White, Douglas R./Koput, Kenneth W./Owen-Smith, Jason (2005): »Network Dynamics and Field Evolution: The Growth of Inter-organizational Collaboration in the Life Sciences«. *American Journal of Sociology* 110 (im Erscheinen).

Reckwitz, Andreas (1997): »Kulturtheorie, Systemtheorie und das sozialtheoretische Muster der Innen-Außen-Differenz«. *Zeitschrift für Soziologie* 26, S. 317-336.

Risse, Thomas/Ropp, Stephen C./Sikkink, Kathryn (Hg.) (1999): *The Power of Human Rights. International Norms and Domestic Change*, Cambridge, New York/NY: Cambridge University Press.

Rogers, Everett M. (1983): *Diffusions of Innovations*, Detroit/MI: Free Press.

Rowan, Brian (1982): »Organizational Structure and the Institutional Environment: The Case of Public Schools«. *Administrative Science Quarterly* 27, S. 259-279.

Schank, Roger C./Abelson, Robert P. (1977): *Scripts, Plans, Goals, and Understanding: An Enquiry into Human Knowledge Structures*, Hillsdale/NJ: Erlbaum.

Scharpf, Fritz W. (1989): *Sozialdemokratische Krisenpolitik in Europa*, Frankfurt/M., New York/NY: Campus.

Schelsky, Helmut (1970a): »Zur soziologischen Theorie der Institution«. In: ders. (Hg.) 1970b, S. 9-26.

Schelsky, Hemut (Hg.) (1970b): *Zur Theorie der Institution*, Düsseldorf: Bertelsmann Universitätsverlag.

Schimank, Uwe (1996): *Theorien gesellschaftlicher Differenzierung*, Opladen: Leske + Budrich.

Schmidt, Manfred G. (Hg.) (1988): »Staatstätigkeit. International und historisch vergleichende Analysen«. *Politische Vierteljahresschrift (PVS)*, Sonderheft 19, Opladen: Westdeutscher Verlag.

Schülein, Johann A. (1987): *Theorie der Institution. Eine dogmengeschichtliche und konzeptionelle Analyse*, Opladen: Westdeutscher Verlag.

Scott, W. Richard (1983): »Introduction: From Technology to Environment«. In: Meyer/Scott (Hg.) 1983, S. 9-20.

Scott, W. Richard (1987): »The Adolescence of Institutional Theory«. *Administrative Science Quarterly* 32, S. 493-511.

Scott, W. Richard (1994): »Institutions and Organizations: Toward a Theoretical Synthesis«. In: Scott/Meyer (Hg.) 1994a, S. 55-80.

Scott, W. Richard (1995): *Institutions and Organizations*, Thousand Oaks/CA: Sage.

Scott, W. Richard (2001): *Institutions and Organizations*. Zweite, erweiterte und überarbeitete Auflage, Thousand Oaks/CA: Sage.

Scott, W. Richard/Christensen, Soren M. (Hg.) (1995): *The Institutional Construction of Organizations*, Thousand Oaks/CA: Sage.

Scott, W. Richard/Meyer, John W. (Hg.) (1994a): *Institutional Environments and Organizations. Structural Complexity and Individualism*, Thousand Oaks/CA: Sage.

Scott, W. Richard/Meyer, John W. (1994b): »The Rise of Training Programs in Firms and Agencies: An Institutional Perspective«. In: dies. (Hg.) 1994a, S. 228-254.

Selznick, Philip (1949): *TVA and the Grass Roots*, Berkeley/CA: University of California Press.

Selznick, Philip (1957): *Leadership in Administration: A Sociological Interpretation*, Evanston/IL: Row Peterson.

Selznick, Philip (1996): »Institutionalism ›old‹ and ›new‹«. *Administrative Science Quarterly* 41, S. 270-277.

Sewell, William H. (1992): »A Theory of Structure: Duality, Agency, and Transformation«. *American Journal of Sociology* 98, S. 1-29.

Shenhav, Yehouda A./Kamens, David H. (1991): »The ›Costs‹ of Institutional Isomorphism: Science in Non-Western Countries«. *Social Studies of Science* 21, S. 527-545.

Sherif, Muzafer (1936): *The Psychology of Social Norms*, New York/NY: Harper.

Skocpol, Theda (1985): »Bringing the State Back In: Strategies of Analysis in Current Research«. In: Evans/Rueschemeyer/Skocpol (Hg.) 1985, S. 3-37.

Smelser, Neil J./Swedberg, Richard (Hg.) (1994): *The Handbook of Economic Sociology*, Princeton/NJ: Princeton University Press.

Sombart, Werner (1916): *Der moderne Kapitalismus. Historisch-systematische Darstellung des gesamteuropäischen Wirtschaftslebens von seinen Anfängen bis zur Gegenwart*, 2 Bde., München: Duncker & Humblot.

Steinmo, Sven/Thelen, Kathleen/Longstreth, Frank (Hg.) (1992): *Structuring Politics. Historical Institutionalism in Comparative Analysis*, Cambridge, New York/NY: Cambridge University Press.

Stichweh, Rudolf (2000): *Die Weltgesellschaft. Soziologische Analysen*, Frankfurt/M.: Suhrkamp.

Stinchcombe, Arthur L. (1997): »On the Virtues of the Old Institutionalism«. *Annual Review of Sociology* 23, S. 1-18.

Strang, David/Meyer, John W. (1993): »Institutional Conditions for Diffusions«. *Theory and Society* 22, S. 487-511.

Swedberg, Richard (Hg.) (1993): *Explorations in Economic Sociology*, New York/NY: Sage.

Swidler, Ann (1986): »Culture in Action: Symbols and Strategies«. *American Sociological Review* 51, S. 273-286.

Sydow, Jörg (1992): *Strategische Netzwerke: Evolution und Organisation*, Wiesbaden: Gabler.

Tacke, Veronika (1999): »Wirtschaftsorganisationen als Reflexionsproblem. Zum Verhältnis von neuem Institutionalismus und Systemtheorie«. *Soziale Systeme* 5, S. 55-81.

Teubner, Gunther/Willke, Helmut (1984): »Kontext und Autonomie: Gesellschaftliche Selbststeuerung durch reflexives Recht«. *Zeitschrift für Rechtssoziologie* 6, S. 4-35.

Thomas, George M./Meyer, John W. /Ramirez, Francisco O./Boli, John (Hg.) (1987): *Institutional Structure. Constituting State, Society, and the Individual*, Newbury Park/CA et al.: Sage.

Thompson, James D. (1967): *Organizations in Action: Social Science Basis of Administration*, New York/NY: McGraw-Hill.

Tolbert, Pamela S./Zucker, Lynne G. (1996): »The Institutionalization of Institutional Theory«. In: Clegg, Stewart R./Hardy, Cynthia/Nord, Walter R. (Hg.), *Handbook of Organization Studies*, London: Sage, S. 175-190.

Türk, Klaus (1997): »Organisation als Institution der kapitalistischen Gesellschaftsformation«. In: Ortmann/Sydow/Türk (Hg.) 1997b, S. 124-176.

Walgenbach, Peter (2000): *Die normgerechte Organisation*, Stuttgart: Schäffer-Poeschel.

Walgenbach, Peter (2002): »Neoinstitutionalistische Organisationstheorie – State of the Art und Entwicklungslinien«. *Managementforschung* 12, S. 155-202.

Weaver, Gary R./Gioia, Dennis A. (1994): »Paradigms Lost: Incommensurability vs Structurationist Inquiry«. *Organization Studies* 15, S. 565-590.

Weber, Max (1920): *Gesammelte Aufsätze zur Religionssoziologie*, Bd. I, Tübingen: Mohr Siebeck.

Weber, Max (1924): *Gesammelte Aufsätze zur Sozial- und Wirtschaftsgeschichte*, Tübingen: Mohr Siebeck.

Weber, Max (1972): *Wirtschaft und Gesellschaft. Grundriß der verstehenden Soziologie.* Fünfte, revidierte Auflage, besorgt von Johannes Winckelmann, Tübingen: Mohr Siebeck (Orig. 1922).

Weick, Karl E. (1979): *The Social Psychology of Organizing* (2. Aufl.), Reading/MA: Addison-Wesley.

White, Harrison C. (1981): »Where Do Markets Come From?«. *American Journal of Sociology* 87, S. 517-547.

White, Harrison C. (1992): *Identity and Control. A Structural Theory of Social Action*, Princeton/NJ: Princeton University Press.

White, Harrison C. (1993): »Markets in Production Networks«. In: Swedberg (Hg.) 1993, S. 65-103.

Wiesenthal, Helmut (1996): »Einheitsmythen. Zur kognitiven ›Bewältigung‹ der Transformation Ostdeutschlands«. In: Clausen, Lars (Hg.), *Gesellschaften im Umbruch. Verhandlungen des 27. Kongresses der Deutschen Gesellschaft für Soziologie in Halle an der Saale 1995*, Frankfurt/M., New York/NY: Campus, S. 563-579.

Williamson, Oliver E. (1975): *Markets and Hierarchies*, New York/NY: Free Press.

Willke, Helmut (1987): »Institution«. In: Görlitz, Axel/Prätorius, Rainer (Hg.), *Handbuch Politikwissenschaft*, Reinbek: Rowohlt, S. 162-166.

Windeler, Arnold (2001): *Unternehmungsnetzwerke. Konstitution und Strukturation*, Opladen: Westdeutscher Verlag.

Wobbe, Theresa (2000): *Weltgesellschaft*, Bielefeld, transcript Verlag.

Womack, James P./Jones, Daniel T./Roos, Daniel (1991): *Die zweite Revolution in der Automobilindustrie*, Frankfurt/M., New York/NY: Campus.

Wrong, Dennis (1961): »The Oversocialized Concept of Man in Modern Sociology«. *American Sociological Review* 26, S. 183-193.

Zucker, Lynne G. (1977): »The Role of Institutionalization in Cultural Persistence«. *American Sociological Review* 42, S. 726-743.

Zucker, Lynne G. (1987): »Institutional Theories of Organization«. *Annual Review of Sociology* 13, S. 443-464.

Zucker, Lynne G. (Hg.) (1988a): *Institutional Patterns and Organizations. Culture and Environment*, Cambridge/MA: Ballinger.

Zucker, Lynne G. (1988b): »Where Do Institutional Patterns Come from? Organizations as Actors in Social Systems«. In: dies. (Hg.) 1988a, S. 23-49.

Zucker, Lynne G. (1991): »Postscript: The Role of Institutionalization in Cultural Persistence«. In: Powell/DiMaggio (Hg.) 1991, S. 103-107.

Einsichten. Themen der Soziologie

Wulf D. Hund
Rassismusanalyse
Juli 2005, ca. 200 Seiten,
kart., ca. 15,80 €,
ISBN: 3-89942-310-0

Holger Braun-Thürmann
Innovation
März 2005, 117 Seiten,
kart., ca. 10,50 €,
ISBN: 3-89942-291-0

Raimund Hasse,
Georg Krücken
Neo-Institutionalismus
(2. komplett überarbeitete Aufl.)
März 2005, 136 Seiten,
kart., 13,50 €,
ISBN: 3-933127-28-9

Robert Gugutzer
Soziologie des Körpers
2004, 218 Seiten,
kart., 14,80 €,
ISBN: 3-89942-244-9

Rolf Eickelpasch,
Claudia Rademacher
Identität
2004, 138 Seiten,
kart., 12,00 €,
ISBN: 3-89942-242-2

Frank Eckardt
Soziologie der Stadt
2004, 132 Seiten,
kart., 12,00 €,
ISBN: 3-89942-145-0

Gabriele Abels, Alfons Bora
Demokratische Technik-bewertung
2004, 142 Seiten,
kart., 12,80 €,
ISBN: 3-89942-188-4

Rainer Schützeichel
Historische Soziologie
2004, 142 Seiten,
kart., 12,80 €,
ISBN: 3-89942-190-6

Stefan Kühl
Arbeits- und Industriesoziologie
2004, 182 Seiten,
kart., 13,80 €,
ISBN: 3-89942-189-2

Hannelore Bublitz
Diskurs
2003, 122 Seiten,
kart., 11,50 €,
ISBN: 3-89942-128-0

Ansgar Thiel
Soziale Konflikte
2003, 102 Seiten,
kart., 10,50 €,
ISBN: 3-933127-21-1

Peter Weingart
Wissenschaftssoziologie
2003, 172 Seiten,
kart., 13,80 €,
ISBN: 3-933127-37-8

Beate Krais,
Gunter Gebauer
Habitus
2002, 94 Seiten,
kart., 10,50 €,
ISBN: 3-933127-17-3

Thomas Kurtz
Berufssoziologie
2002, 92 Seiten,
kart., 10,50 €,
ISBN: 3-933127-50-5

Leseproben und weitere Informationen finden Sie unter:
www.transcript-verlag.de